EDAF

MADRID - MÉXICO - BUENOS AIRES - SAN JUAN - SANTIAGO

DAVID ZURDO

CÓDIGO B

Los mensajes ocultos que esconde la Biblia

EL ARCHIVO DEL MISTERIO
DE IKER JIMÉNEZ

Director de la colección: Iker Jiménez

© 2003. David Zurdo
© 2004. De esta edición, Editorial EDAF, S. A. Jorge Juan, 30. 28001 Madrid

Diseño de cubierta: Miguel y Bernardo Rivavelarde

Editorial EDAF, S. A.
Jorge Juan, 30. 28001 Madrid
http://www.edaf.net
edaf@edaf.net

EDAF Y MORALES, S. A.
Oriente, 180, n.º 279. Colonia Moctezuma, 2.ª Sec.
C.P. 15530 - México D.F.
http://www.edaf-y-morales.com.mx
edaf@edaf-y-morales.com.mx

EDAF CHILE, S.A.
Huérfanos, 1178 - Of. 506
Santiago - Chile
edafchile1@terra.cl

EDAF del PLATA, S. A.
Chile, 2222
1227 Buenos Aires - Argentina
edaf1@speedy.com.ar

EDAF ANTILLAS, INC.
Av. J. T. Piñero, 1594
Caparra Terrace (00921-1413)
San Juan, Puerto Rico
antillas@edaf.net

5.ª edición, noviembre 2004

ISBN: 84-414-1435-1
Depósito legal: M. 45.863-2004

PRINTED IN SPAIN   IMPRESO EN ESPAÑA
Imprime: Anzos, S.L. - Fuenlabrada, Madrid

A todas las personas
que han hecho posible este libro.

Índice

¿Por qué publicamos este libro?

Hay noches que uno no podrá olvidar mientras viva. Yo daba pequeños brincos en mi silla, en el centro del inmenso estudio 1 de la Cadena SER. Luces en penumbra; detrás, siempre silencioso y vigilante, el piano de cola y decenas de asientos sin ocupantes. A un lado de la gran mesa, el compañero Javier Sierra y la periodista Carmen Porter. Sonríen mientras revuelven sus papeles en busca de un último dato. Algo está pasando en esta madrugada de radio. Algo nos está invadiendo... los teléfonos del control, a pesar de que en ningún momento hemos dado su número, están echando humo.

Los folios esparcidos, marcados por círculos rojos, las carpetas abiertas, vomitando documentos, los libros amontonados entre el humo, las botellas de agua y unos cuantos cafés... estamos inmersos en la nave del misterio que hoy se ha transformado repentinamente en laboratorio informático y en herética biblioteca. Llevamos ya unos veinte minutos de programa... Katia Rocha, nuestra querida productora, hace gestos con las manos y por línea interna, desde el otro lado del grueso cristal, me comunica algo:

—Están llegando centenares de mensajes en minutos, la gente pregunta al Código por la genética y la clonación, por los Papas, por la guerra, por Jesús de Nazaret, por la política... ¡esto se va a colapsar!

Giro mi respaldo y dirijo la palabra a David Zurdo, el informático, el investigador, el tenaz rastreador que ha escrito las páginas que vienen a continuación.

—Madre mía David... tú y tu Código la que estáis liando esta noche.

David, que refleja con una simple mirada que es buena gente, que disfruta con lo que hace, que cree en su búsqueda, clava sus ojos en las pantallas de los ordenadores portátiles que le rodean.

—Aquí hay otra coincidencia espectacular, Iker, mira...

KAROL / WOJTILA = MUERTE / 2004

Todo esto ocurría sin trampa ni cartón, en vivo, oyéndose el teclear a través de los micrófonos amarillos, sorprendiéndonos a medida que las computadoras y el misterio se unían para fascinarnos con esa especie de caos fríamente ordenado y oculto en la Biblia.

Aquella noche me sentí, y no exagero, como quizás se sintió Antonio José Alés en su primera *Alerta Ovni*. Tuvo que ser algo parecido. En esta ocasión, bien es cierto, no había decenas de miles de personas repartidas por España, por campos y ciudades, por balconadas y páramos, observando el cielo en busca del rastro de los ovnis. Aquella experiencia del 14 de agosto de 1979, gestada en ese mismo estudio, mereció hasta un libro —*Alerta Ovni*— de tinte sociológico que se centraba en las miles de cartas que se recibieron aquella madrugada veraniega en la Cadena SER. En aquellas misivas de papel y dibujos, de descripciones y teorías, se mostraban en definitiva creencias y anhelos, sucesos y esperanzas. Era la época de mayor actividad extraña en los cielos y, sobre todo, de mayor pasión por el fenómeno. Fue algo irrepetible, genuino, inimitable. Los españoles se volcaron y salieron en masa al exterior, poniendo su mirada en la capota negra de los cielos. Lo importante no eran los ovnis, lo importante, en definitiva, era la comunicación. La comunicación viva, directa, auténtica que, cuando ocurre es en sí misma un misterio.

Un enigma que te electriza hasta la última vértebra.

Bien, pues aquella noche de septiembre de 2003, en ese mismo lugar, estábamos siendo partícipes de la misma magia. Supimos en qué creen los españoles. A qué temen. Por qué o quiénes preguntan. Qué esperan del futuro. Cómo ven el mundo.

Y como ocurrió veinticinco años antes, en el fondo, el apasionante código de la Biblia era lo de menos. Las misteriosas líneas que cruzan palabras y significados que tienen una lectura dos mil años más tarde no eran lo más importante. La auténtica clave de este código, del que se ha enamorado perdidamente el buen amigo David Zurdo, es que a través de él conocemos un poco más nuestras esperanzas y temores. La gente, de toda condición y cultura nos escribió al instante para hacer una sola pregunta. La más importante para ellos. Y hubo más de dos mil mensajes en apenas una hora de actividad. Un record que superaba con creces incluso experimentos parecidos de partidos del Real Madrid en plena Copa de Europa y que ha hecho que no pase un solo día sin que cientos de oyentes nos pregunten por este descubrimiento, por su funcionamiento, por su magnético enigma.

¿Qué significa todo esto? Probablemente que el *Código*, la aventura en el que ahora van a sumergirse, tiene algo invisible, etéreo, que concentra todos nuestros sentimientos. La profecía y la informática. La divinidad y la tecnología. El pasado y el futuro. Las claves ocultas y la posibilidad de que seamos nosotros mismos los que podamos experimentar y rastrear. ¿Hay algo más fascinante para el hombre que se asoma a este convulso siglo XXI?

David ha accedido a sumergirse en este trabajo titánico porque se lo propuse nada más escuchar de sus labios los primeros logros. Mi espíritu de periodista y editor de esta colección hizo que no me lo pensase ni un instante. Este libro, esta aventura, era una auténtica bomba. Sea el código una verdad oculta propia de Dios o una gigantesca casualidad numérica. Creamos con fe ciega en el código o lo consideremos una herejía. Una bomba de relojería para el intelecto.

Este será un libro de culto. Recordado y reinterpretado con el tiempo. Para mí, además, será el recuerdo permanente de una de las más intensas noches de comunicación de mi vida. Algo que jamás se borrará del alma.

IKER JIMÉNEZ

Capítulo 1

- *KAROL / MUERTE / AÑO 2004*
- *RAJOY / GOBERNAR / AÑO 2004*
- *OVNI / GRAN / CONTACTO / ESPAÑA / AÑO 2004*
- *ADN / GENOMA / HUMANO / CONOCER /*
HUMANIDAD / SIGLO XXI
- *CLON / DUPLICACIÓN / HUMANA / CONTRA / DIOS*
- *PADRE E HIJO / BUSH / ATACAR, APLASTAR,*
DEVORAR / IRAK
- *HUSEIN / IRAK / TIRANO / CRIMINAL*

En el mundo, en *este* mundo, en el mundo que nos rodea y que llamamos cotidiano; en el mundo al que nos hemos habituado y creemos normal, controlado, conocido, hay muchos enigmas y misterios sin resolver. Acaso algunos nunca se resuelvan. Pero otros, sin duda, quedarán explicados tarde o temprano. Hay tanto por conocer, por mucho que ya conozcamos, y nuestra curiosidad y ansia de saber son tan grandes...

Desde muy antiguo, el hombre ha intentado comprender la esencia de las cosas: por qué sale el sol y lo sustituye la luna; por qué el río fluye o la Tierra se mantiene firme; qué son los puntos de luz que alumbran la negrura de la noche; cuál es el secreto de la vida, de dónde venimos, a dónde vamos. En los albores de la humanidad, el concepto de Dios surgió probablemente como respuesta a la ignorancia de nuestros antepasados primitivos, pero también como proyección de una necesidad. Si una fuerza mueve una piedra o un árbol, otra fuerza superior ha de mover el sol, la luna, el río. Si una fuerza sostiene una carga, otra superior debe sostener la Tierra o las estrellas.

Y tanto deseó el hombre de las primeras luces que hubiera dioses, que los dioses debieron existir. Sí, el deseo, la imaginación, la palabra, crearon a Dios. Probablemente, pero eso no implica que Dios sea una mera idea humana, falsa y absurda, hija del miedo, la pequeñez, la imperfección que busca con ansia su contrario en la perfección. La creación sigue siendo un misterio. El materialismo científico está tan perdido como la metafísica religiosa más crédula. Si los adeptos del primero se contentan creyendo entender, los adeptos de la segunda confían en algo que, en realidad, ignoran. Sigue apareciendo como motor el deseo, el ansia, las necesidades humanas de saber y de trascender. Se llega a dos opciones contrapuestas hasta la antítesis: «solo creo en lo que veo» contra «creo sobre todo en lo que no veo».

Y mientras, seguimos tan perdidos, tan ciegos y tan sordos como hace miles y decenas de miles de años. Seguimos condenados a *tratar de entender* lo acaso incomprensible. Es nuestra tragedia. Pero quizá tengamos la luz al final de un túnel que estaba más cerca de lo que podíamos imaginar. Desde muy antiguo se inició un proceso de conocimiento sobre los textos sagrados de la tradición judía. Según esta tradición, Yahvé inspiró directamente a Moisés los cinco primeros libros de la Biblia, la Torá (*Torah*) o Pentateuco. Desde entonces, hace más de tres mil años, los judíos se encargaron de copiar el texto sagrado en rollos que no podían corregirse. Un error, por mínimo que fuera, obligaba a enterrar y olvidar la copia. Esto ha hecho pensar a muchos sabios que tal celo se debía a la necesidad, más que al deseo, de conservar inalterado un mensaje mucho más profundo e importante, codificado en el propio lenguaje de la Torá.

El mismo Isaac Newton creía firmemente en que la Biblia contenía ese código secreto, y dedicó muchos esfuerzos a lo largo de su vida a desvelarlo; incluso más que a los estudios puramente científicos. Pero todo fue infructuoso. No contaba con las herramientas para extraer la información codificada. Antes de todo esto, sin embargo, los sabios hebreos desarrollaron todo un sistema de métodos matemáticos que pretendían desenredar la madeja oculta tras la interpretación literal de los textos.

Los primeros en conseguir algunas hebras de ese hilo sutil y misterioso fueron los cabalistas. La *Kabalah* o Cábala se inició en los primeros siglos de nuestra era en Palestina y Egipto. Sus métodos consistían en tratar de alcanzar el conocimiento puro y perfecto a través del estudio matemático de las letras hebreas. Pero ahora, con la ayuda de los ordenadores, que son capaces de realizar millones de operaciones en el tiempo que tarda un ser humano en coger un lápiz, se abre un camino nuevo y apasionante en el estudio de la Torá y de su «supuesto» código secreto.

Todo empezó en Israel, y el mundo lo conoció a través de Michael Drosnin, un periodista norteamericano de origen judío que había trabajado en el *Washington Post* y el *Wall Street Journal*. Pero fue un matemático israelí quien descubrió el código secreto de la Biblia en 1991. Su nombre es Eliyahu Rips, que ideó el método que permitía utilizar el ordenador en la búsqueda de mensajes. En 1994, usando el programa basado en ese método, Drosnin encontró uno muy amenazante en el que se cruzaban el nombre del primer ministro de Israel, Itzhak Rabin, con la frase «asesino que asesinará», en la única aparición de Rabin en todo el texto de la Torá. Además, existían mensajes que contenían los asesinatos de los presidentes Kennedy y Sadat, ambos certeramente pronosticados. Aunque Drosnin trató de alertar al primer ministro con ayuda de un buen amigo de este, el poeta Chaim Guri, el 4 de noviembre de 1995 Rabin caía abatido a tiros y con él moría también el proceso de pacificación en Palestina.

¿Demostraba ese triste acontecimiento que el código secreto de la Biblia era una realidad? ¿No podía tratarse de una casualidad matemática? De momento, estas dudas no han podido resolverse totalmente. Sin embargo, muchas otras pruebas apoyan que así es, que el código existe: un código cifrado por algo o por alguien tres mil años atrás... Si uno decide no creer, está en su derecho, aunque no debe olvidar que Itzhak Rabin solo aparece una vez codificado en Torá, y que «asesino que asesinará» lo cruza.

En su obra publicada en 1997 Michael Drosnin dice: «Este libro no es la última palabra. Es solo el primer aviso». Ahora estamos en disposición de desvelar más «avisos», de profundizar más en el código secreto de la Biblia. Aunque, científicamente, la Torá no debe ser utilizada como herramienta para adelantarse al futuro, sino como campo de estudio para buscar en ella posibles mensajes secretos o alusiones históricas ya pasadas.

Yo empecé siendo escéptico: en general, ni creo ni dejo de creer. Incluso las pruebas hay que probarlas; las demostraciones deben ser también demostradas. Ahora, no obstante, después de mucho tiempo delante de la pantalla del ordenador, buscando mensajes como el astrónomo que mira al firmamento en espera de una señal inteligente, puedo afirmar que creo que hay algo. *Sé* que hay algo.

Algo que no es casual.

Algo que no puede ser una simple casualidad.

Capítulo 2

P ero, ¿en qué se basa todo esto? ¿Por qué un matemático israelí, de pronto, con la ayuda de un físico, crea un programa que realiza una serie de transformaciones matemáticas para buscar mensajes en la Torá? Evidentemente, no es algo repentino, ni fruto de una ocasional iluminación. Los sabios judíos siempre han considerado a la Torá un texto con varios niveles. Lo que podemos leer en hebreo, o la traducción a cualquier otra lengua, no es más que la capa superficial, sin que ello signifique que carezca de importancia. No es así: la ley de Dios está escrita para los creyentes judíos y cristianos en esos cinco primeros libros de la Biblia. Sin embargo, por debajo de ese sentido inicial, hay otros mensajes. O eso es lo que los estudiosos afirman.

Toda una corriente de pensamiento importantísima se ha derivado de la búsqueda de ese misterio, del intento de explicar lo acaso inexplicable, y aclarar la oscuridad. Aunque no hubiera ningún código secreto en la Torá, las escuelas de estudios sobre ella han dado al mundo conocimientos muy apreciables, basados en la meditación, el afán de saber y comprender.

En este capítulo voy a basarme en los textos del erudito Gerschom Scholem para tratar de aclarar en cierta medida el sentido último de estos estudios. Scholem no es solamente un sabio, sino que además tiene la virtud de comunicar de forma sencilla sus conocimientos. Para todos los que nos interesamos por la Cábala, su nombre es sinónimo de autoridad. Rindo desde aquí tributo a su memoria.

Cuando a Moisés le fue revelado el texto de la Torá, supuso una revolución profunda en el modo de entender la religión. Como después sucedería con el cristianismo, las leyes comunes de la época quedaban revocadas, deshechas ante la nueva ley. La Torá habla de un Dios único, sin forma, inaprensible a lo físico. Un texto revolucionario, en efecto, que aún hoy tiene vigencia en nuestras sociedades egocéntricas y consumistas. Pero esa es otra historia.

Puede considerarse al patriarca Abraham como el primero en recibir la revelación del Creador. Él comunicó ese saber a sus descendientes, que perduró mediante la transmisión oral, aumentando con cada estudioso. Después de que Moisés escribiera la Torá, la Cábala se desarrolló más espectacularmente y empezó a estudiarse en grupos, siempre cerrados. Fue hacia el siglo II d.C. cuando el rabino Simón bar Iojai, conocido como Rashbi, recibió la autorización para enseñar y desvelar el íntimo sentido de la Cábala. Él estudiaba con el rabí Akiva y sobrevivió a la matanza de sus más de veinte mil discípulos. Cuando Akiva fue apresado y encarcelado, Rashbi huyó con su hijo y se refugió en una gruta durante más de diez años.

Allí concibió el *Zohar*, en arameo, una obra en que se muestra el método para el estudio de la Cábala. En esta obra se cuenta cómo Rashbi y su hijo Eliezer alcanzaron el nivel espiritual en que el mismo Eliahu, el profeta, se les presentó en persona para enseñarles. Rashbi no escribió el *Zohar* de su puño, sino que lo dictó al rabí Aba, quien lo redactó de manera que solo los hombres dignos de su significado pudieran llegar a comprenderlo. Por desgracia, esta obra desapareció poco después. Pero no quedó perdida del todo. Siglos más tarde unos árabes lo hallaron en una cueva. Ellos quizá no debían comprender lo que habían encontrado, y emplearon sus páginas para envolver pescado. Cuando un cabalista de Safed (en Israel) compró un pez en el mercado y vio que en sus manos tenía, como si careciese de valor, un fragmento del *Zohar*, compró el resto de las páginas y las compuso en un libro, que se estudió en secreto hasta el siglo XIII, en que se publicó por fin, y por vez primera, en España, gracias al rabí Moshé de León.

El tiempo del estudio aperturista y masivo de la Cábala comienza en el siglo XVI, de la mano del rabí Isaac Luria, un sabio nacido en Jerusalén pero que pasó sus años de juventud en Egipto estudiando el *Zohar* con la fijeza que marcan las vocaciones. Ya de nuevo en Israel, en la misma Safed en que viviera Rashbi, un discípulo suyo escribió varios libros al dictado de sus palabras, como *El Árbol de la Vida*, *El Portal de las Intenciones* o *El Portal de la Reencarnación*.

Pero estos escritos se adelantaron a su tiempo. Algunos fueron destruidos o enterrados con él, a su muerte. Por fortuna, otro gran sabio, el rabí Vital, rescató de la tumba lo que pudo, y consiguió que la posteridad pudiera conocer parte de esa gran obra. Hasta finales del siglo XIX podría decirse que cada rabino era también un cabalista. Muchas comunidades dedicadas a estos estudios aparecieron en el Este de Europa, en Rusia y Polonia, en el Magreb, en los países de la península Arábiga... Pero el siglo XX, con sus nuevos intereses, llevó al olvido la Cábala, que estuvo a punto de desaparecer. Estuvo a punto y, sin embargo, no desapareció sepultada bajo la modernidad.

A caballo entre los siglos XIX y XX, el rabí Yehuda Ashlag y posteriormente su hijo, el rabí Baruch Shalom Ashlag (conocido como Rabash), se encargaron de no permitir que el conocimiento se perdiera. Aunque, paradójicamente, los descubrimientos que se realizan a través de la Cábala se mantienen en secreto, fuera del alcance de los profanos. El motivo no es impedir que otros adquieran la iluminación de la sabiduría sino, muy al contrario, permitir que cada uno llegue a sus propios descubrimientos. Los cabalistas pretenden adquirir una madurez espiritual que les permita ver, que les muestre el conocimiento. El camino y el fin son partes indiferenciadas de una misma cosa.

Dicho todo esto, quizá algo oscuro, como oscura es la Cábala, es momento de acudir a Gerschom Scholem. En su libro *Desarrollo histórico e ideas básicas de la Cábala* nos explica que la Cábala es el modo clásico para referirse a las enseñanzas esotéricas del judaísmo y su mística, especialmente a partir del siglo XIII. La Cábala es misticismo, pero también esoterismo y teosofía. Es misticismo porque busca una manera de conocer la Creación y al Creador por encima de la capacidad de comprensión del intelecto humano, gracias a la contemplación y la iluminación. Estas se presentan en la Cábala, esencialmente, como la revelación primordial de la naturaleza de la Torá, que se transmite por tradición, es decir, por «cábala». También es teosofía, pues intenta desvelar los misterios de la vida oculta del Creador, así como las relaciones entre lo divino y lo humano, y lo humano y la Creación. Por otra parte, la formulación de la Cábala es esotérica. La unión de lo místico y lo esotérico es motivo de confusión, ya que el misticismo no puede comunicarse más que por medio de símbolos y metáforas, mientras que el esoterismo sí es susceptible de transmitirse, aunque no se haya hecho por prohibición o por celo.

La Torá ocupa puesto central en la Cábala. Los cabalistas creían que la Torá era un perfecto reflejo de los fenómenos que suceden en el mundo. Para ellos, todo esconde en su interior varias capas de significado. Por encima del más evidente, accesible a los ojos de cualquier persona, se ocultan otros significados, cuyo sentido solo puede abrirse ante la mirada atenta del sabio y el estudioso. La Torá es la revelación divina, la palabra dictada por Dios, su verbo directo revelado al hombre. Por lo tanto, constituye un libro único e incomparable, vía mística de meditación. Sin negar los hechos históricos narrados en su texto como tal, los cabalistas creían y creen que hay algo más importante, más profundo, oculto entre sus líneas.

He aquí que, como hijo espiritual e intelectual de todos estos procesos de conocimiento cabalístico, tanto judíos como cristianos, Eliyahu Rips tuvo la idea de informatizar un método para buscar esa realidad oculta, uno de esos niveles estratificados en la Torá. El resultado, de todos conocido, fue el que presentó al mundo Michael Drosnin a través de su primer libro. Y el asesinato de Itzhak Rabin, el detonante de su «éxito» mundial.

Puede que con esto se revele al mundo común, de todos, una sabiduría solo lícita a los más sabios estudiosos. Pero también es posible que la humanidad ya esté madura, como se preconiza en los propios textos cabalísticos, para recibir el conocimiento. La alianza entre la computadora y la cábala nos regala un método sencillo para investigar en la Torá. Si alcanzaremos o no la iluminación, solo el tiempo lo dirá.

Capítulo 3

Para mí, todo empezó a principios del verano de 2003. Me había citado con Javier Sierra para comer juntos, y estábamos hablando de futuros reportajes para *Más Allá*, la revista que dirige. Javier me comentó que, en breve, iba a publicar una entrevista a Michael Drosnin con motivo del lanzamiento en España de su segundo libro sobre el código secreto de la Biblia. La idea surgió sola.

—¿Qué tal sería hacer un programa en español que siguiera el método de Rips para regalar con la revista?

—Podría estar muy bien para sacarlo en octubre...

Esa misma tarde me puse en contacto con mis dos colaboradores más estrechos y de mayor confianza: Ángel Gutiérrez y Fernando Acevedo.

—¿Somos capaces de abordar la tarea de crear una aplicación de uso simple para buscar mensajes ocultos en la Torá?

Ambos estuvieron de acuerdo, con gran entusiasmo, en que podíamos hacerlo. Había que tener listo el programa para finales de agosto, lo que nos daba un margen de tiempo bastante estrecho, de unos dos meses.

—Javier, nos lanzamos —anuncié a Javier Sierra por teléfono a la mañana siguiente.

Yo había leído en 1997 el primer libro de Drosnin. Lo tenía guardado en algún sitio, lleno de notas y páginas dobladas. No bastaba con entender el método de Rips: ahora había que destriparlo, conocerlo a fondo para reproducirlo en una aplicación para ordenador nueva, en español, la primera en nuestra lengua.

Lo más curioso es que el método, como tal, es de una simplicidad maravillosa. Su fundamento es el siguiente: Supongamos que tomamos la Torá y vamos colocando cada una de sus letras en fila —en una única fila—, sin espacios, desde la primera a la última. Tendríamos así una línea de 304.805 caracteres hebreos, sin importar la colocación de derecha a izquierda o de izquierda a derecha, aunque el hebreo se lee en sentido inverso al español y el resto de lenguas latinas.

Una vez constituida la fila, estamos en disposición de buscar el primer mensaje. Este mensaje será lo que hayamos definido, un nombre, un lugar, o cualquier otra cosa. Supongamos por un momento que la Torá estuviera escrita originalmente en español y no en hebreo, y que queremos buscar la palabra BIBLIA. Lo primero que haremos será comprobar dónde aparece la primera letra B en la larga fila y luego buscar la primera I. Esto nos ofrece un dato importante: la distancia entre esas letras forzará nuestra búsqueda inicial de la palabra completa. ¿Qué quiere decir esto? Pues que a la misma distancia entre la B y la I tendremos que buscar la segunda B de la palabra BIBLIA. Si la hallamos exactamente a la misma distancia entonces continuaremos el proceso con la letra L. En caso contrario, habremos de dar marcha atrás. Tomaremos de nuevo la primera B, pero esta vez omitiremos la primera I. Nos fijaremos en la segunda I, y contaremos la distancia con la B. Entonces de nuevo veremos si, a la misma distancia, hay una segunda B o no, luego una L, otra I y, por fin, una A. De conseguir encontrar todas las letras, estas ocuparían posiciones equidistantes en la línea de la Torá.

La equidistancia puede ser nula cuando la palabra está realmente en la Torá —por ejemplo, Elhoim en hebreo—, en cuyo caso las letras aparecerán juntas sin ninguna separación; o bien cada letra puede distar de las demás en un número indeterminado de espacios. En el caso de Itzhak Rabin, su nombre completo en hebreo se localiza una única vez con el

ו י ע ש א ל ה ה י מ א ת ה ה ר ק י ע ו י י ב ד ל ב י ו ה
ב י ו ה ה מ י מ א ש ר מ ע ל ל ר ס י ע ו י י ה י כ ו ו
י ט ו ר י י ה י ע ר ב ו ר י ה י ב ק ר י ו מ ש נ י ו י א
ת ח ת ה ש מ י מ א ל מ ק ו מ א ח ד ו ת ר א ה ה י ב
י מ ל י ב ש ה ה א ר צ ו ל מ ק ו ה ה מ י מ ס ר א י מ
ו י א מ ר א **ל ה** י **מ** ל **ה** י **מ** ת **ד ש א** ה **א** ר **צ** ד ש א א ע ש ב ב מ
ר י ל מ כ י נ ו א ש ר ז ר ע ו ע ל ה א ר צ ו י ה
ש ב מ ז ר י י ע ז ר ע ל מ י נ ה ו ו ע צ ע ש ה פ ר י
י ר א א ל ה י ה מ כ י ס ט ו ב ו ר י ה י ע ר ב ו י ה י ב
ל ה ה י מ י ה י מ א ר ת ב ר ק י ע ה ש מ י ם ל ה ב ד
ל ה ו ה י ו ל א ת ת ו ל א מ ו ע ד י מ ו ל י מ י מ ו

Fila con letras equidistantes

método de Rips. Entre cada letra hay casi 5.000 espacios de distancia.

Esto que acabo de explicar es solo el principio, lo que se hace para localizar los términos iniciales de un mensaje. Con ello tendríamos únicamente la primera parte del mensaje, sin más información que su mera aparición en la Torá según este modelo matemático. Queremos, sin embargo, buscar otras palabras que puedan estar ubicadas en la proximidad de las anteriores, ser contiguas o incluso cruzarse. Para no adelantar acontecimientos, explicaré lo que significa esto. Una vez se ha localizado la palabra o palabras que constituyen la búsqueda inicial, generalmente se «quiebra» la Torá de una sola fila en líneas más cortas, para colocar cada una de las letras de la primera búsqueda, a su vez, en una línea, vertical en este caso. Salvo que la palabra buscada inicialmente se halle en la Torá tal cual (como Elohim en hebreo), o la equidistancia sea muy pequeña (1, 2, 3... letras), y además la palabra sea muy corta, el resultado de la búsqueda inicial será una matriz de letras hebreas con una línea vertical marcada.

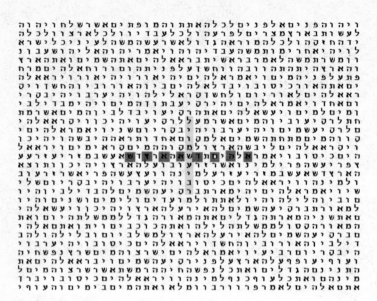

Sopa de letras inicial

En esta matriz, cual «sopa de letras», será donde trataremos de localizar los nuevos términos que se relacionen con el o los iniciales. Su configuración geométrica, su proximidad o posición, serán los factores que marquen el interés del mensaje final, que siempre ha de ser interpretado por el usuario. Esta necesidad de interpretación se debe a que ignoramos la «clave» del Código. Pero ya hablaremos de esto más adelante...

Como puede apreciarse, el mecanismo es fácil de comprender, pero las combinaciones tan enormes, que la primera versión del programa podía tardar horas en realizar la búsqueda más sencilla. Una gran parte del trabajo se centró en mejorar el sistema de localización de palabras, hasta que llegamos a un algoritmo satisfactorio. A pesar de todo, una búsqueda compleja puede llevar bastante tiempo, sobre todo si se efectúa con un ordenador obsoleto.

Un mensaje con varios términos cruzados

En las primeras pruebas, utilizamos mensajes presentes en los libros de Drosnin. Luego empezamos a caminar solos. Nuestras búsquedas pronto empezaron a ser interesantes: nombres de líderes políticos, grandes artistas, acontecimientos de la historia empezaron a circular ante nuestros ojos por la pantalla del ordenador. En ciertos casos los mensajes eran incluso absurdos; en otros, por el contrario, lo que salía era cierto y exacto. Sobre todo pudimos comprobar que los resultados eran más precisos cuanto más importante era la personalidad o el acontecimiento, como si el «Codificador» se hubiera preocupado especialmente de cifrar con mayor dedicación lo que a priori más la requería. Y era lógico. Así empezamos a creer. A creer en el Código.

La ilusión matemática sigue estando ahí. Nadie puede quitarla. Para comprobar esto reemplazamos el texto de la Torá por uno de igual extensión en caracteres latinos, y probamos a buscar en español. Era casi la totalidad de uno de nuestros libros, una novela que trata de la Sábana Santa. Como es obvio, encontramos algunas cosas: palabras, nombres, lugares. Fue cuando intentamos cruzarlas con nuevos términos de búsqueda cuando vimos que algo fallaba. No salió ni un solo mensaje con sentido, salvo cuando empleábamos palabras muy cortas y, entonces, también se mostraba «paja» en los mensajes.

La conclusión era evidente: con cualquier texto pueden hallarse mensajes que se deben a la combinatoria, al juego de la matemática, incluida la Torá; pero con esta, la cuestión iba más lejos, había algo más. En la Torá había otra información, oculta y a veces muy exacta, de acontecimientos acaecidos en el pasado... ¡Un pasado que fue futuro para quien originara el Código! Era de esperar entonces que nuestro futuro estuviera también cifrado en esas 304.805 bellas letras hebreas; aunque no podíamos asegurarlo. Al ignorar la clave, todo lo que se refiera al futuro desde un cierto presente —por ejemplo, el nuestro de hoy—, es especulación. Por añadidura, las búsquedas se hacen más complejas para hechos futuros, ya que a menudo no se busca bien lo que sucederá. Un ejemplo estupendo lo constituye un mensaje en que parece augurarse el impacto de un meteorito contra nuestro planeta en el año 2005. Pero, en la misma búsqueda, aparecen los términos «hombre» y «desviar». Lo que podía ser un anuncio catastrófico se queda así en una simple alarma, un aviso para que salvemos a la humanidad del peligro de esa amenaza del cielo.

Por otro lado, este método descrito para localizar mensajes no es ni mucho menos el único posible. Hay otros. Sin llegar a planteamientos demasiado complejos, podemos imaginar que la equidistancia fija entre letras sea sustituida por una distancia que se incremente con valores constantes. En lugar de encontrar, digamos las cuatro letras de una cierta palabra, por ejemplo a diez letras de separación, podría localizarse la primera, a diez después la segunda, la tercera a veinte después de la segunda, y a treinta después de la tercera, la cuar-

ta. Así, en lugar de haber en total treinta espacios de separación entre la primera y la última letra de la palabra, habría
sesenta.

Otra posibilidad es que esos incrementos (o decremen-
tos) fueran no lineales, es decir, que no aumentaran (o dis-
minuyeran) constantemente en la misma cantidad. Eso sí, el
modelo siempre debería responder a una función matemática
y no al azar, pues si empleáramos un método aleatorio ¡claro
que saldrían mensajes en la Biblia! Y en cualquier otro libro,
ya que no tendríamos más que buscar lo que queremos
encontrar y luego decir que las distancias entre letras son las
que correspondieran a cada una. No, hay que seguir un modelo con sentido. Como también lo sería realizar las búsquedas con cualquiera de los modelos anteriores, pero en tridi-
mensional. Las palabras ya no se cruzarían únicamente en un
plano, en el alto y ancho de una matriz de letras, sino en un
cubo, con altura, anchura y profundidad. De momento, estos
sistemas no están probados al nivel del método de Rips, pero
la investigación sigue y el afán de conocer mueve montañas.

Capítulo 4

Con muchos esfuerzos y desvelos, por fin el programa *Código B* había sido entregado por mí y mis colaboradores a tiempo de salir en el número de octubre de *Más Allá*. A finales de agosto, después de un viaje por Egipto de Javier Sierra, ambos nos citamos en la redacción para hacer juntos las pruebas finales. Además, un médico judío experto en los estudios bíblicos iba a analizar el programa durante el fin de semana, por si había en él algo incorrecto. No fue así, y dimos por finalizada la versión que se entregaría a los lectores de la revista (la versión 3.0 del programa, ya que la habíamos modificado en tres ocasiones desde la prueba inicial, que disponía de menos elementos y capacidades que la definitiva).

Desde entonces, desde que *Código B* fuera enviado a la fábrica para adjuntarlo con su correspondiente cajita de cartón, habían pasado tres semanas. Javier Sierra me llamó por teléfono el lunes 15 de septiembre para anunciarme que el viernes de esa semana iba a intervenir en *Milenio 3*, el programa de Iker Jiménez en la cadena SER. Javier me preguntaba si podía ir yo también, a lo que contesté afirmativa y gustosamente. Me encanta la radio, y el programa de Iker era de lo mejor de España (por no decir lo mejor) en su campo.

—El próximo lunes sale a la venta la revista. Se está suscitando un interés brutal. Incluso lo están anunciado en el programa de Iñaki Gabilondo. Va a ser un éxito de audiencia.

—Estupendo. Me encantará ir contigo al programa.

Javier Sierra me encargó que buscase en la Torá mensajes que pudieran ser de interés para los oyentes del programa: Juan Pablo II, Juan Pablo I, el 11-S, el misterio de los rostros de Bélmez, Leonardo da Vinci, etc. Además, Iker me iría enviando a lo largo de la semana consultas del público.

—Solo tengo un problema —dije—. El miércoles me marcho a Barcelona y vuelvo el jueves por la noche.

—¿Te dará tiempo a hacer las búsquedas de los oyentes? —me preguntó Javier.

—Primero buscaré lo que tú me has pedido. En cuanto llegue el jueves, me pongo con las preguntas de los oyentes. Aunque no duerma, el viernes por la noche tendré los resultados.

Así lo hice. Mi viaje a Barcelona estaba relacionado con CEDRO, el Centro Español de Derechos Reprográficos, ya que soy miembro de su Junta Directiva por el lado de la representación de autores. Además, aproveché mi estancia para visitar a dos editores míos, y no obstante amigos (perdón por el pequeño chiste), de esa ciudad. El calor era horrible, húmedo, y mi agenda muy apretada. Llegué a Madrid el jueves rozando las doce de la noche, extenuado pero con ganas de leer el correo electrónico y ver qué me había enviado Iker. Nada más entrar en casa, dejé mi bolsa de viaje en el recibidor y me hice un café. Mientras el microondas calentaba la leche, encendí el ordenador y me conecté a Internet. En unos segundos tenía ante mí el mensaje con las búsquedas que debía realizar.

Desde Barcelona había llamado a un buen amigo, Félix González, para que me ayudara en las búsquedas a lo largo del viernes.

—Como estás de baja por un problema en la espalda, ven a mi casa y tráete el portátil.

—Mi mujer me va a matar pero..., de acuerdo.

Así lo hizo. El viernes nos pertrechamos de sandwiches, Coca-Cola y cerveza y nos dispusimos a sumergirnos en el Código B con ansias verdaderas de encontrar, de hallar.

Pero previamente, el mismo jueves yo realicé unas cuantas búsquedas antes de acostarme. En aquel momento estaba usando la versión 3.0 del programa, el que se entregó con la revista *Más Allá* el siguiente lunes, y del que se sortearían diez copias la noche del viernes al sábado entre los oyentes de *Milenio 3*. Esta versión 3.0 no admite más que una única sesión activa, de modo que solo pude hacer una docena de búsquedas, algunas de las cuales me llevaron a callejones sin salida o resultados poco fiables.

Había quedado con Félix al día siguiente a las diez de la mañana, y me había acostado a las cuatro, con todo el cansancio del viaje acumulado en mis espaldas. Cuando me levanté, volví a cargarme con un buen vaso de café negro. Lo único que me daba miedo era estar agotado a la hora de *Milenio 3*, que los viernes empieza a la 1:30 de la madrugada. Tenía menos de doce horas para terminar el trabajo. A las nueve y media llegaría un taxi a recogerme, pues Iker, Javier, Carmen Porter y Katia Rocha —ambas colaboradoras del programa— y yo mismo, habíamos quedado para cenar a las diez, y así tener tiempo de aclarar conceptos y prepararlo todo.

La jornada fue apasionante. A medida que los mensajes iban apareciendo, mi amigo y yo éramos presas de una especie de entusiasmo próximo a la exaltación. Estábamos consiguiendo buen material. Más que eso: aquello no eran simplemente oportunas fotografías o textos brillantes, sino algo más profundo, algo que, para cualquier creyente, surgía desde la Palabra de Dios. Se podía ser escéptico con los resultados, con el contenido de los mensajes; pero no con el hecho mismo de que esos mensajes se mostraran. Esos mensajes estaban ahí, ocultos en las matrices de letras hebreas.

Dieron las ocho de la tarde. Tenía que ducharme y vestirme. Imprimí unas hojas con todos los resultados de las búsquedas y las metí, junto con el primer libro de Michael Drosnin, en la cartera del ordenador portátil de mi amigo. Iker Jiménez me había dicho que sería interesante llevar algún PC extra para intentar hacer algunas búsquedas en directo. Él llevaría el suyo, además del de sobremesa que había en el estudio. Con el que yo llevara, tendríamos tres equipos sobre la mesa del Estudio 1.

Antes de salir de casa comprobé que había cogido todo. Soy un despistado, y siempre tengo que repasar lo que hago para no olvidarme alguna cosa. Veinte minutos después el taxi me dejaba ante la puerta de la cadena SER, en la Gran Vía de Madrid. Pasé los controles de seguridad y tomé el ascensor hasta el séptimo piso. Allí me encontré con Javier Sierra, que acababa de llegar. Fuimos en busca de Iker, de Katia y de Carmen y bajamos de nuevo para cenar en un restaurante cercano, de cocina italiana. Durante la cena, aprovechamos para hablar del Código y de los mensajes, y de cómo iba a enfocarse el programa. Con la lista en la mano, Iker decidió que algunos mensajes los apartáramos. Hay cosas que es mejor callarse, aunque las ponga en la Biblia.

Era cierto. Javier también estuvo de acuerdo con tachar de las hojas una pequeña parte de los mensajes. En total eran ocho páginas de búsquedas, es decir, que con el resto válido y las que habían estado haciendo Carmen y Katia, nos sobraba material. Y eso sin contar con las búsquedas que nos fueran pidiendo los oyentes a lo largo del programa. No podrían ser tan exactas como las que llevábamos preparadas, pero los ordenadores que teníamos a nuestra disposición eran lo suficientemente potentes como para sacar algo en directo.

Ya arriba otra vez, después de la cena, ultimamos los preparativos del programa. Iker y Javier entraban y salían por la boca del pasillo que conduce a los estudios. Mientras, yo intentaba organizar los mensajes en bloques. Había uno verdaderamente excepcional: el que hablaba de la muerte de Juan Pablo I, el breve papa Albino Luciani, que duró treinta y tres días en el solio pontificio. Una cifra que, convertida en años, recordaba a la duración de la vida de Jesucristo. El mensaje era el siguiente: LUCIANI / ALBINO / ASESINA-

DO / 5738 [1] (1978) / CRIMEN / LUCHAR / PODER. Resultaba fácil rescribirlo en una sentencia: Albino Luciani, el papa Juan Pablo I, fue víctima de un crimen, asesinado en 1978 por una lucha de poder.

A lo largo de la hora y media de programa, con un breve descanso durante un boletín informativo horario, fuimos lanzando mensajes a las ondas, recibiendo una ingente cantidad de mensajes de los oyentes, y tratando de dar respuesta a sus preguntas. El tiempo voló. Muchas cosas se quedaron en el tintero, por desgracia. Los principales mensajes de la noche fueron estos:

Búsqueda inicial: **OSAMA BIN LADEN**
Búsqueda secundaria: **CAUTIVO / VIVO / 5764**

La Biblia parecía indicar que el terrorista más buscado del mundo, Osama bin Laden, padre del atentado contra las Torres Gemelas del World Trade Center de Nueva York, sería capturado con vida a finales del año 2003 o durante 2004.

Búsqueda inicial: **JUAN PABLO II (KAROL WOJTYLA)**
Búsqueda secundaria: **MUERTE / 5764**

La predicción era clara y su interpretación directa y evidente: se anunciaba la muerte del Papa a finales de 2003 o durante 2004.

Búsqueda inicial: **VATICANO**
Búsqueda secundaria: **TIEMPO / DURO / DIFÍCIL / NUEVO / PADRE / SALVACIÓN**

Se preveía un período complicado para el Vaticano, pero el nuevo Papa lograría superarlo.

---

[1] 5738 se refiere al año según el calendario judaico. Para convertir las fechas judaicas a nuestro calendario es preciso restar 3.760 años.

Búsqueda inicial: **HIROSHIMA**
Búsqueda secundaria: (LITTLE) **LITLE BOY** / **AÑO 5705**

En este mensaje se cruzaba el nombre de la ciudad japonesa víctima de la primera bomba atómica de la historia, con el nombre de la bomba (aunque «little» lleva dos tes en inglés) y el año del ataque, 1945.

Búsqueda inicial: **NEW YORK**
Búsqueda secundaria: **ARABIA** / **LADEN** / **WTC**

El nombre de New York aparecía atravesado horizontalmente por Arabia, y también se encontraban las palabras Laden (apellido de quien realizó el ataque del 11S, árabe de nacionalidad) y las siglas del World Trade Center.

Búsqueda inicial: **NEW YORK**
Búsqueda secundaria: **LADEN** / **ATTA** / **TWIN TOWER** / **11S**

Similar al mensaje anterior, encontrábamos también en este muchos datos del 11-S que se entremezclan como para creer que se trataba de una casualidad.

Búsqueda inicial: **EUROPA**
Búsqueda secundaria: **DESTRUCCIÓN** / **MUERTE** / **HORROR** / **SANGRE** / **AÑO 5765**

El año judío 5765 (que se corresponde con el final de 2004 y casi la totalidad de 2005) parece que sería duro para Europa. Las palabras Destrucción, Muerte, Horror y Sangre se entremezclan en este mensaje.

Búsqueda inicial: **ISRAEL**
Búsqueda secundaria: **HORROR** / **AÑO 5764**

Parecida a la anterior, esta búsqueda predecía graves acontecimientos en Israel a finales de 2003 a lo largo de 2004. Por desgracia, en esa zona del mundo no son una novedad.

Búsqueda inicial: **GUERRA**
Búsqueda secundaria: **FIN** / **MUNDO** / **AÑO 5768**

Más sobrecogedora resultaba esta predicción para los años 2007 o 2008. De ser cierta, estaríamos viviendo los últimos años de nuestro mundo, tal y como lo conocemos. Pero había que saber interpretar los mensajes: quizá la Biblia solo quisiera avisarnos del peligro para que nosotros lo evitemos.

Búsqueda inicial: **BÉLMEZ**
Búsqueda secundaria: **CRIMEN** / **GUERRA** / **5696** / **5698**
Los rostros de Bélmez, por investigaciones actuales de Iker Jiménez y Luis Mariano Fernández (en el libro *Tumbas sin nombre*), guardan relación con un crimen de la Guerra Civil. Según el Código, acaecido concretamente en sus inicios, entre julio de 1936 y el 16 de septiembre del mismo año. O en 1937-1938.

Búsqueda inicial: **ANGLÉS**
Búsqueda secundaria: **MUERTO** / **DESDE** / **5755**
Uno de los asesinos más famosos y buscados de España podría haber muerto a finales de 1994 o a lo largo de 1995.

Búsqueda inicial: **OVNI ALIENÍGENA**
Búsqueda secundaria: **VISITAR** / **TIERRA** / **DESDE** / **SIEMPRE**
Según el Código, los extraterrestres nos visitan y nos observan desde épocas que se pierden en la oscuridad de los tiempos. Quizá velen por nosotros y, algún día, nos comuniquen sus conocimientos. Pero eso solo podrá ser cuando la humanidad esté preparada para ello.

Búsqueda inicial: **SIDA**
Búsqueda secundaria: **GRAN** / **AVANCE** / **5764** / **5765** / **5766** / **5767**
Importantes avances en la lucha contra el SIDA se anunciaban para los años 2004, 2005, 2006 y 2007. Aunque, por desgracia, este mensaje también podría interpretarse en clave

siniestra: el avance del SIDA será grande durante esos años, y no la carrera por su curación.

Al salir del programa —eran más de las tres de la madrugada—, nos estaban esperando unos taxis para llevar a cada uno a su casa. Me resultó curioso que uno de los taxistas nos preguntara si verdaderamente se iba a morir el Papa en 2004.

Días después me enteré de que *Milenio 3* había batido su récord de audiencia esa noche: en torno a un millón de oyentes y más de dos mil mensajes SMS recibidos con preguntas al Código B. Todos estos mensajes me serían enviados poco después para confeccionar con ellos un auténtico estudio sociológico y el grueso de las consultas a la Torá de este libro.

Capítulo 5

La estadística es una poderosa herramienta de conocimiento. Aplicada a la ciencia, permite averiguar cosas que de otro modo serían imposibles. Por ejemplo, la vida media de un protón es superior al tiempo que se atribuye a la existencia del universo desde el *big bang*. Entonces, ¿cómo podemos saber ese dato? ¿Cómo es posible haberlo evaluado? Muy sencillo: mediante técnicas estadísticas. Los protones son como las personas. Unos mueren jóvenes y otros viejos. Si se observan ingentes cantidades de protones y se mide cada cierto período la cantidad de ellos que se han desintegrado espontáneamente, se puede dibujar una curva cuyos valores interpolados nos llevan al dato que buscábamos.

En lo que respecta al código secreto de la Biblia, podemos aplicar también métodos estadísticos para valorar la fiabilidad de los resultados, y no solo sentarnos a esperar a que las predicciones sucedan; o confirmar que ya ocurrieron en el pasado. Esto no sirve más que como juego intelectual (un bonito juego, eso sí), pero no como método de conocimiento. El caso de Itzhak Rabin no es más que una isla. Por cada mensaje cierto hay decenas insulsos y carentes de valor. Acaso sea el plan del *Gran Codificador*. Quizá no debamos saber más de lo que ya sabemos. O solo algunos deban llegar a saberlo.

Pero, además de esos mensajes que se localizan por medio del método matemático de Rips, y si asumimos que hay realmente un código secreto en el texto de la Torá, debe existir una clave que permita descifrar qué hay por debajo del sentido legible y conocido por todos. Una clave que no sabemos cómo obtener, que ignoramos dónde está. No sabemos siquiera por dónde empezar. Agudas mentes de la historia han intentado lograr este descubrimiento. Y no han sido capaces, que nosotros sepamos. Newton consagró la mitad de su vida a esa empresa. Su enorme contribución al mundo de la ciencia fue fracaso en el estudio de la Torá. Si en la física lo tenemos como una figura ciclópea, en su intento de descifrar el código de la Biblia se quedó en nada. Lo mismo sucedió a otros insignes como Leonardo da Vinci o Giordano Bruno. O incluso a Adolf Hitler y su funesto, aunque bien preparado, equipo de estudiosos de la mística judía, de la cábala y de las fuerzas ocultas.

Que se hayan realizado muchos intentos, sin embargo, no debe desanimar a quien pretenda conseguir lo que a Newton, Leonardo o Giordano Bruno les fue negado. Solo debe hacernos considerar con infinita prudencia este objetivo. Sin embargo, hoy contamos con una herramienta de la que ellos carecían, y no se trata de una herramienta trivial: la computadora. Mediante el uso de estas máquinas es posible realizar tareas que, hace pocos años, habrían llevado siglos; tareas impensables para ser abordadas por el hombre, y que en la actualidad nos parecen sencillas y naturales.

Correctamente programados, los ordenadores, esos «tontos muy rápidos» —como los denomina mi maestro y amigo José Luis Valbuena, del Instituto de Cartografía y Geodesia del CSIC—, posibilitan que nos lancemos a un mundo oscuro y complejo: el de intentar descifrar la clave de la Torá. La clave con que el Creador, o quienquiera que la inspirara, cifró ese segundo significado, más íntimo, más importante, más profundo.

Cryptorah es el nombre del proyecto que, en España, vamos a iniciar con ese fin tan ambicioso. En una primera fase, un grupo de expertos en informática y criptografía inten-

taremos «romper» la clave de cifrado mediante técnicas nove-
dosas. Estas técnicas, las ideas que nos llevan a estos intentos,
no ofrecen ninguna garantía. Somos ciegos tratando de caminar por un mundo lleno de obstáculos. Queremos salir de la
caverna en la que nos hallamos presos para recuperar la visión
de la luz. Somos, por así decirlo, como aquellos criptólogos
británicos que necesitaban descifrar las claves de la máquina
nazi *Enigma*. Pero no por ser una tarea difícil dejaremos de
intentarla. Como dijo John F. Kennedy en un célebre discurso
referido a la conquista de la Luna, «No lo haremos porque sea
fácil, sino porque es difícil». El reto inicia el camino, y el
camino se funde con la meta. El fin del viaje es el viaje en sí,
y los conocimientos que de él se deriven.

Pero explicaré mejor en qué consiste *Cryptorah*. Después
de mucha reflexión, los componentes de este proyecto hemos
llegado a varias conclusiones fundamentales. En primer
lugar, el celo mostrado por los rabinos al no permitir la mínima alteración del texto de la Torá nos lleva a dos conclusiones: que la Torá contiene realmente ese mensaje interior y
oculto; y que la clave del Código debe estar cifrada en el propio texto de esos primeros cinco libros de la Biblia. ¿Dónde?
¿Cómo? Eso lo ignoramos. Aunque tenemos otros elementos
de juicio que nos ofrecen nuevas conclusiones. Según el
celebérrimo principio conocido como *Navaja de Occam*, la
explicación más simple es la más probable. No es que esto
deba tomarse como un dogma de fe, ya que, por ejemplo, la
mecánica cuántica nos demuestra que no siempre se cumple
(de hecho, en la parte de la física iniciada por Max Planck,
las cosas parecen empeñarse en ser lo más raras que se pueda
imaginar). En todo caso, por algún sitio hay que empezar, y
no parece lógico elegir los caminos más tortuosos. Por otro
lado, sería de un maravilloso ingenio haber dejado la clave
del Código a la vista de todos, tan cerca de nuestra mirada
que, como en el caso de la cercanía al árbol que nos impide
ver el bosque, nos pusiera una especie de venda en los ojos
de la mente.

Así, quisimos suponer que la clave debía ser simple conceptualmente hablando. Estar ahí presente, a la vista. Podría consistir en una inversión de letras; o bien en un mensaje dentro de otro, en el que cierto número de letras sobraran. Entre otras posibilidades, estas dos nos parecieron las más evidentes. Pero esto no es tan importante como conocer la manera de reordenar las letras o, en cada caso, el método para eliminar las sobrantes.

Capítulo 6

Era poco más de la una de la madrugada. Yo seguía quemándome las pestañas delante del monitor de mi PC. Estaba seguro de que había algo delante de mis ojos que no era capaz de ver; y sin embargo estaba ahí, dispuesto a ser comprendido por quien pudiera verlo. Aquello me recordó la frase de Jesús en el Evangelio: «Quien tenga oídos para oír, que oiga». Mi intención era aguzar los oídos, pero no conseguía sintonizar ese «algo» que se me escapaba. De repente tuve una idea. ¿Y si la clave del código fuera una serie binaria? Las series binarias son sucesiones de ceros y unos, y nada hay más próximo a un ordenador que esas series en apariencia tan simples. Si quien cifró el código estaba pensando en computadoras, no parecía descabellado que hubiera empleado sucesiones binarias para ocultar la clave.

Pero, ¿qué serie debería usar? ¿Una aleatoria? Probablemente no; una fuerza sabia y poderosa tuvo que esconder la clave, pero —yo estaba cada vez más convencido— a la vista de todos, para que quien tuviera oídos para oír, oyera. ¿Dónde estaría esa música? ¿En qué lugar y cómo podría hallarla? Decidí probar lo más obvio: abrí la calculadora de Windows y transformé el número total de letras de la Torá en un número binario. Las 304.805 letras en notación decimal se convirtieron en una cifra de diecinueve dígitos: 1001010011010100101.

Se planteaba ahora otra pregunta: ¿cómo aplicarla? Tomé las diecinueve primeras letras del Génesis en hebreo y las copié en un documento de texto. Debajo puse el número binario que se correspondía con 304.805, y le di la vuelta, ya que el hebreo se lee de derecha a izquierda (los judíos son los británicos de la lengua, pues leen en sentido contrario al nuestro). Hice dos operaciones, primero eliminando las letras hebreas que coincidían con los ceros, y luego aquellas que se correspondían con los unos. Solo me quedaba confirmar si el resultado tenía sentido. Comprobé primero la serie con los ceros, y obtuve algunas posibles palabras sin sentido. Reconozco que esto me decepcionó un poco, por mucho que aquella prueba fuera como la lotería.

Fue al probar con la segunda serie cuando mi corazón dio un vuelco y el pulso se me aceleró. Notando perfectamente el bombeo de la sangre en las venas de mi cuello agarré el teléfono móvil y busqué el número de Javier Sierra. Estaba a punto de pulsar el botón de llamada cuando logré contenerme. Tenía que comprobar las cosas y, sobre todo, terminar lo que estaba haciendo. Solo había obtenido dos palabras, y aún me quedaban algunas letras del final de esa segunda serie. Quizá todo fuera una falsa alarma, un espejismo... Sí, un espejismo, pensé y sonreí, pues «espejo» era precisamente la primera de las palabras con sentido que acababa se extraer de mi prueba con los ceros y unos. De hecho, las primeras letras de esa serie componían dos palabras: «espejo», como he dicho, y «pureza».

No es extraño ahora comprender mi excitación: la Torá siempre ha sido para los estudiosos de la Biblia un espejo de algo superior, de una realidad más pura. Obtener *Espejo de la Pureza* no podía, una vez más, ser una simple casualidad.

Por desgracia, el resto de letras no componían palabras y carecían de sentido. Me alegré amargamente de no haber despertado a Javier Sierra, aunque al día siguiente me recriminó no haberle telefoneado en ese momento cumbre de exaltación investigadora. Estuvimos hablando de ello un buen rato. A ninguno de los dos nos parecía casual todo aquello. No era la primera vez que comentábamos ese proceso extraño e indefinible al que los humanos hemos dado en llamar «casualidad». Porque, ¿existe realmente algo que sea verdaderamente casual? No estoy hablando de los hilos del destino o de la providencia, no, pero la duda está ahí, en el aire, quizá también audible solamente para quien tenga oídos finos. Quizá.

El caso es que después de mi conversación con Javier Sierra seguía dándole vueltas a mi primer intento de romper la clave del código secreto de la Biblia. Siempre me gusta darme un tiempo para reflexionar con libertad, sin lógica, dejando fluir a los pensamientos libremente. Pero luego cojo papel y lápiz y trato de analizar los problemas de un modo sistemático. Estas son las conclusiones a las que llegué en dicho proceso:

1. La clave debe ser evidente o estar presente en el mismo código, en la propia Torá, oculta en algún lugar o de alguna manera. El hecho de que las copias de su texto se hayan hecho con tal celo a lo largo de los siglos, enterrando cualquier copia en que tan solo una letra fuera errónea, me indujo a pensar que la Torá es un bloque, un todo: «Todo lo que ha sido es y será, está en la Torá», pensé. En efecto, si había alguna clave que permitiera descifrar el código, debía estar a la vista de todos o imbuida, confundida, entrelazada con el resto.

2. El texto «en claro» de la Torá oculta podría contener el mismo número de letras, un número mayor o un número menor. El primer caso supone la transformación de unas letras en otras, según un proceso concreto, que podría incluir también la alteración de sus posiciones, o no hacerlo. Esto nos da dos vías de estudio. El segundo caso, el de un número mayor de letras, supondría que cada letra debiera transformase en más de una; y el tercero de los casos implicaría eliminar ciertas letras para obtener un resultado final inferior a las 304.805 letras iniciales. En total, cuatro caminos posibles, aunque teniendo en cuenta que los dos últimos casos

eran susceptibles igualmente de requerir una alteración o intercambio de las posiciones de las letras, llegamos a un total verdadero de seis caminos. La locura para nuestros ordenadores actuales [2].

3. Los métodos básicos de búsqueda de la clave, en cualquiera de los casos anteriormente enunciados, debían estar basados en la aplicación automática y computerizada de transformaciones diversas (números primos, serie de Fibonacci, decimales de Pi, etc.), comprobando en cada paso del proceso si existían coincidencias significativas con un conjunto amplio de palabras hebreas.

Este último apartado quizá parezca difícil de entender, pero no lo es en absoluto. Imagine que usted copia este párrafo del libro y se dedica luego a transformarlo criptográficamente. Para simplificar, tomaremos como ejemplo *el método de Julio César*, que hoy nos parece cándido pero funcionó en su día con gran éxito. Este método se basa en cambiar cada letra por la tercera siguiente en el alfabeto. Así, una A se convierte en una D, la B en la E, la C en la F, etc., hasta la Z, que se corresponde, dando la vuelta al alfabeto, con la C. Si, después de cifrar el párrafo, usted se lo diera a alguien, esa persona no podría entenderlo; salvo que le explicase cómo lo cifró y deshiciera la operación, dejando el mensaje en claro.

Bien, esto es así: nadie puede leer el mensaje sin conocer el método de cifrado y la clave utilizada (en el caso anterior, el *método* es la transformación de unas letras por otras en el alfabeto, y la *clave* es el hecho concreto de contar tres letras hacia delante). Pero la cosa no es tan simple. Haciendo pruebas, como cada letra se transforma en otra que es siempre la

---

[2] En la terminología criptográfica, un texto en claro está descifrado o previo al cifrado, de modo que puede leerse e interpretarse directamente.

misma, una persona avispada y con paciencia encontrará «sistematismos» que le permitan romper la clave, comprender el método y descifrar el mensaje.

Aquí entran los ordenadores. Si se introduce el texto cifrado en un ordenador y se le aplica un programa que realice todas las combinaciones posibles de transformación, solo una se corresponderá con el mensaje en claro, es decir, con el párrafo del libro en español sin cifrar. Pero la máquina no es inteligente y no sabe cuándo ha hallado ese texto en claro. En efecto, el modo de que un ordenador pueda ofrecernos el resultado correcto de un modo automático es hacerle comparar cada una de las pruebas de transformación con una base de datos de palabras. Hay que darse cuenta de que ciertos vocablos se emplean con mucha asiduidad, como los artículos, las conjunciones, las preposiciones. En el momento en que la computadora localizase esos elementos en una frecuencia significativa, podría saber que ha conseguido romper el cifrado, deduciendo ya el resto con facilidad. Por supuesto, hay métodos mucho más complejos —tanto de cifrado como de análisis criptográfico— que prevén miles de aspectos de los mensajes cifrados o de sus configuraciones, para acelerar el proceso y «podar» una gran parte de las ramas que, de antemano y por estudios matemáticos, se sabe que no conducen a ninguna solución.

Al principio de este capítulo conté cómo creía haber dado con algo importante cuando apliqué la plantilla binaria del número de letras de la Torá a sus primeras diecinueve letras, es decir, al primer versículo del Génesis. Ahora comprenderá el porqué. Todo el proceso de pruebas se basará en métodos similares. Si hay un código «inteligente» en la Biblia, lo encontraremos con los ordenadores.

Esa era la parte racional, tangible y científica del proyecto. Pero había algo más. Algo espiritual y misterioso. Algo en lo que intervenían fuerzas imposibles de comprender para un ser humano. Tomé entonces una decisión cuya inspiración ignoro. No recuerdo cómo surgió en mi mente, ni cómo se me apareció tan evidente y clara: si encontraba la clave, y esta me llevaba a descubrir una realidad terrible, la guardaría para mí solo. Únicamente yo llevaría en mis hombros tan pesada carga. No permitiría que otros sufrieran indirectamente por mi culpa. Si la esperanza debía perderse, que uno solo la perdiera y nadie más.

Pero, ¿quién podía predecir lo que, llegado el caso, encontraría en la Biblia descifrada? ¿Por qué me turbó ese pensamiento negro? No lo sabía ni lo sé todavía. Acaso nunca llegue a saberlo. Una idea turbadora inundó mis pensamientos: ¿Y si el código no fuera obra de Dios sino del Demonio? ¿Y si hubiera allí mucho más de lo que cualquiera pudiera haber imaginado? ¿Y si aquello no era solo un juego intelectual, un experimento matemático, estadístico e informático? ¿Y si guardaba relación con los planes de Dios... o del Demonio? ¿Y si el código de la Biblia era una nueva caja de Pandora, esta vez real y tangible, más allá de toda mitología poética? La responsabilidad era muy grande. Demasiado grande; enorme; inconmensurable.

Capítulo 7

José María González me esperaba en la plaza de Santo Domingo el Antiguo, en Toledo. Era un viejo amigo, experto en la Cábala y los estudios bíblicos. Nos dimos un apretón de manos y empezamos a caminar en dirección a la sinagoga de la calle de los Reyes Católicos.

—Tengo un serio problema —le dije, después de unos minutos de charla intranscendente.

—¿Ah, sí? —me respondió él en su habitual tono enigmático, con voz casi susurrante.

—Sí; tengo un problema *gordo*. Tú que eres un experto en los temas en que yo necesito profundizar, espero que puedas ayudarme. Estoy tratando de aplicar modelos matemáticos a la Torá para intentar descifrar el Código. Ahora contamos con ordenadores que pueden realizar miles de millones de operaciones como si nada, imperturbables, emitiendo ese típico zumbido suyo tan impersonal. Pero necesito saber qué se ha hecho hasta ahora, cuáles eran los procedimientos de los estudiosos de la Biblia. Todo eso lo conozco de un modo superficial.

José María me miró con expresión sorprendida. Él sabía que yo no conocía tan superficialmente esos temas; claro que, comparado con él, podía decirse de mí que era un neófito.

—Llevamos tres mil años tratando de descifrar ese código del que hablas. No lo digo para desanimarte, ni mucho menos, sino para que entiendas que es un problema de proporciones *bíblicas*, si me permites el pequeño chiste.

—Eso no me arredra.

—Lo sé. Eres un temerario... Pero eso es bueno —dijo en tono enérgico—. Bien, me preguntas por los métodos empleados hasta ahora por los cabalistas. Desde que a Moisés le fuera revelada la palabra de Dios, la Torá, junto con el secreto conocimiento de su sentido oculto, los hombres han intentado por todos los medios que su razón y su sentido les condujeran a desvelar ese conocimiento perdido. Aunque la tradición dice que el mismo Moisés transmitió el secreto a los antecesores de los cabalistas, a unos pocos hombres elegidos que atesorarían ese conocimiento y lo protegerían de los ojos profanos. Estos hombres se consagraron al estudio de la Torá. Eran sabios y místicos. Compaginaban los conocimientos científicos y filosóficos con la salvaguarda de la tradición judía más estricta. En ciertos momentos se les ha considerado heterodoxos, aunque algunos creen que, por el contrario, su saber constituye el núcleo más ortodoxo de la religión. De hecho, Cábala, como bien sabes, significa...

—... la tradición recibida. Sí, todo eso ya lo sé. Pero, ¿quiénes conocen ese secreto hoy día? ¿Dónde están? ¿Dónde se esconden?

—En Israel hay escuelas donde se estudia la Cábala, y los estudios se prolongan durante decenios. Para ser considerado un cabalista, un estudioso bíblico debe haberse consagrado a este trabajo quince o veinte años. Y aún ellos no saben *casi* nada. El secreto de Moisés es precisamente eso, un secreto. Sigue a salvo, como te decía, de los ojos profanos.

—Pero yo...

—Tranquilo —me cortó mi amigo, poniendo la mano en mi hombro—. Sé lo que quieres, y trataré de ayudarte. Pero deja que te refresque la memoria. Durante el Medievo, en la Provenza, algunos pensadores sacaron a la luz una forma de especulación sobre los textos sagrados que causó una enorme controversia entre los sabios judíos. Las especulaciones místicas sobre la Torá bebían en las fuentes de una ancestral tradición que se remonta a la época en que se escribieron los últimos textos bíblicos. Algunos libros de la Torá se consideran especialmente peligrosos... Peligrosos porque su conocimiento solo debe ser conocido por los más sabios entre los sabios. Por miles de años, el hombre ha intentado descifrar el significado de las enigmáticas palabras del Génesis, especialmente de la Creación, de esos siete días de Dios: la creación de la luz, del mundo, del hombre primigenio. El concepto fundamental es que el Creador usó la «palabra» para su «creación». La palabra tiene un infinito poder. Las cosas, según la Biblia, son antes palabras que realidades físicas. Todo estaba en la mente de Dios antes de su existencia real, tangible, pero, ¿qué hay entre la mente del Creador y el mundo visible, físico, que nos rodea y del que formamos parte? La respuesta es la Torá. La Torá es el plan de Dios, las líneas maestras de su Creación, las trazas de su gran edificio.

—La Cábala, de hecho, utiliza constantemente metáforas arquitectónicas —dije.

—Las piedras son al mismo tiempo los bloques de la construcción y las gemas, las piedras preciosas. El Templo de Dios es un arquetipo del universo y del hombre; el modelo que sirve para interpretar la relación de los hombres con el mundo y con el Creador. La Torá es un todo acabado, completo, con un sentido pleno en distintos niveles de significado.

—Ese sentido es lo que estoy buscando.

—La Torá tiene respuestas para todo: «Todo lo que ha sido, es y será, está en la Torá». Para la Torá no existe el tiempo. En la visión de Dios no hay un antes ni un después; no existe el «era» o el «será».

—Como comprenderás, en lo que yo estoy más interesado es en el será...

—La Cábala siempre ha buscado una interpretación matemática de todo este material inmenso y considerado perfecto. Lo que ahora estáis haciendo no es nada nuevo. Lo único que es una novedad es emplear computadoras para acelerar el estudio.

—Computadoras de una potencia de cálculo que nadie, hace unos años, podría imaginar.

En ese momento tuvimos que apartarnos porque un maleducado albañil poco menos que nos empujó para hacer sitio a una máquina de obra, irrumpiendo inesperadamente en la acera. Optamos por dar la vuelta en redondo. Preferimos tomar la calle de la Virgen de Gracia en lugar de seguir por la accidentada calle de las Bulas.

—¡Qué individuo tan grosero! —exclamo José María de espaldas al hombre, acompañando sus palabras con un gesto despectivo de la mano.

—Yo creía que los sabios nunca se alteran —dije con soniquete.

José María se rió con ganas de mi ocurrencia.

—Yo no soy un sabio; solo un estudioso. ¿De qué estábamos hablando?

—Hablábamos de matemáticas.

—Ah, sí. Precisamente aquí, en Toledo, vivió el mayor especialista medieval en métodos de cálculo para estudiar la Cábala. Sabes de quién hablo, ¿verdad?

—Sí, cómo no: de Abulafia, el *superfanático* de las combinaciones matemáticas.

—Bueno, yo no utilizaría la palabra fanático. Abraham Abulafia se considera ante todo un gran místico. Desarrolló varios métodos para encontrar significados ocultos en las letras de la Torá. Rellenó páginas y páginas de combinaciones, aunque no sabemos a qué últimas conclusiones pudo llegar. Después, otros han tratado de emularle. Por desgracia, hasta hoy, que yo sepa, no se ha llegado a desvelar total y completamente la clave de esos hipotéticos códigos secretos que él buscaba con tanto afán.

Estábamos llegando a la sinagoga, y yo empezaba a impacientarme. Mi expectación estaba aumentando.

—Al grano —le apremié.

—¡El *grano* es Abulafia! Léelo con sabiduría, entre líneas, con paciencia y, si recibes la iluminación, ahí encontrarás todo lo que quieras saber. Deberás, como él dice, «deshacer los nudos».

José María me miró con expresión enigmática. Yo estaba seguro de que él sabía más de lo que quería decirme. Sin embargo, prefirió que fuera yo mismo quien hallara las respuestas.

Ahora, después del tiempo, he comprendido que es tan importante el viaje como llegar a la meta; el estudio como la sabiduría. Y que el trabajo que hacemos cada día es tan valioso como los logros, porque, al fin y al cabo, es en la vida misma donde habita el misterio.

Abraham Abulafia fue el cabalista más insigne de su tiempo. Autor de más de cuarenta obras, con él la Cábala experimentó tal brillo que su esplendor indiscutible ha hecho merecer a su época el calificativo de «edad de oro». Aunque en esos tiempos, los textos que escribió no llegaron más que a los estudiosos de la Cábala, su altísima contribución cultural influyó decisivamente en figuras de la talla de Ramón Llull, que basó su obra *Arte Combinatoria* en los métodos del sabio judío. También inspiró a los cabalistas cristianos renacentistas, como Pico de la Mirandola y Juan Reuchlin, propiciando una extensión del hermetismo que llega hasta nuestros días.

De origen sefardí —judío español—, Abulafia nació en Zaragoza en 1240 en el seno de una familia de gran categoría, poco antes de que subiera al trono de Castilla y León Alfonso X, el rey sabio y tolerante bajo cuyo cetro floreció una convivencia multicultural que incluso hoy sorprende por su perfección. Abulafia vivió en Tudela hasta que, aún joven, emprendió un viaje a la tierra de sus antepasados, Palestina, y a otros países de Oriente. Él buscaba las míticas *Diez tribus perdidas de Israel* y, aunque no las halló, su peregrinación le dio muchos conocimientos y preparó su espíritu para lo que habría de venir: un viaje por Europa que duró diez años. De nuevo en España, eligió Cataluña para vivir. En

Barcelona se unió a la escuela de Baruch Togarmi, famoso cabalista en aquel tiempo. Él fue quien introdujo a Abulafia en el estudio de los misterios del *Sefer Yetsirah*[3], también conocido como *Libro de la Formación*. Este momento fundamental en su vida, unido a la admiración que profesaba por el filósofo Maimónides, constituyen las dos corrientes de sabiduría que se fundirán en la obra de Abulafia. Y ello a pesar de que muchos consideraron inconciliables la filosofía de Maimónides y la Cábala.

En su obra *Hokhmath ha-Tseruf* (*La ciencia de la combinación de las letras*), Abulafia establece, con base en el *Sefer Yetsirah*, un sistema combinatorio de las letras del alafato, o alfabeto hebreo. Para Abulafia, las veintidós letras hebreas son, cada una de ellas, entidades simbólicas en sí mimas. En esa calidad de símbolos representan la realidad de los principios del orden universal, los arquetipos. Así, para Abulafia, cada letra es un vehículo para alcanzar la sabiduría, objeto de estudio, motivo de meditación en la búsqueda del supremo conocimiento.

Para ello empleó tres métodos de exégesis cabalística, tres verdaderas ciencias: la Gematria, el Notarikon y la Temurah. La Gematria emplea el valor numérico de las letras hebreas que, al igual que sucede con el latín o el griego, también son números. Y lo hace para buscar la correspondencia entre un dúo de palabras cuyas sumas de los valores de las letras que las conforman sean iguales. Parece difícil, pero es muy fácil. Veamos un ejemplo en letras latinas. Para calcular el valor de la palabra TORÁ, podemos asignar a la T el valor 1, a la O el 2, a la R el 3 y la A el 4. Así, TORÁ = 1+2+3+4 = 10.

Naturalmente, en hebreo estos números no se asignan a cada letra de un modo inopinado o aleatorio. Cada letra tiene un valor preasignado que es el siguiente:

---

[3] Publicado por EDAF en la colección ARCA DE SABIDURÍA.

Nombre	Letra	Valor	Equivalencia
Alef	א	1	A, E
Bet	ב	2	B
Gimel	ג	3	G
Dalet	ד	4	D
He	ה	5	H
Vav	ו	6	V, W, U, O
Zayn	ז	7	Z
Jet	ח	8	J
Tet	ט	9	T
Yod	י	10	Y, I, E
Caf	ך / כ	20	K
Lamed	ל	30	L
Mem	ם / מ	40	M
Nun	ן / נ	50	N
Samej	ס	60	S
Ayn	ע	70	-
Pe	ף / פ	80	P, F
Tzade	ץ / צ	90	C, TS
Qof	ק	100	Q
Reish	ר	200	R
Sin	ש	300	SH
Tav	ת	400	T

Hay que tener en cuenta que la tabla de equivalencias de transcripción entre letras es válida para el español, y que la transliteración del español al hebreo es una tarea muy compleja. Gracias a la ayuda del Departamento de Cultura de la Embajada de Israel, mis colaboradores y yo pudimos incluir una herramienta con ese fin en el programa *Código B*. No es una ciencia exacta, pero las pautas básicas son estas:

A = Alef
B = Bet
C con sonido fuerte = Caf
C con sonido débil = Tzade
CH = Tzade + He
D = Dalet
E = Alef
F = Pe
G = Gimel
GU antes de e, i = Gimel
H = He
I = Yod
J o G fuerte = Jet
K = Caf
L = Lamed
LL = doble Lamed
M = Mem
N = Nun
Ñ = Nun + Yod
O = Vav
P = Pe
Q = Qof
QU antes de e, i = Qof
R= Reish
S = Samej
T = Tav
U = Vav
V = Vav
W = Vav
X = Caf + Samej
Y = Yod
Z = Zayn

La equivalencia numérica demuestra la unidad de dos conceptos, que pueden entonces considerarse, en cierto sentido, lo mismo. Para el cabalista, el intelecto, por medio de estos estudios, experimenta una armonía que se asemeja a la del Cosmos. Comprender las verdades reveladas a través de esas transformaciones matemáticas, a través de las combinaciones con las letras que forman las palabras, le permite romper las cadenas que lo atan al mundo inferior, elevando así el espíritu al mundo superior: le permiten ser *espejo* de una *pureza* perfecta, la pureza de Dios. El alma puede abandonar la jaula de su cuerpo físico y elevarse hacia los cielos.

Abulafia pasó los últimos años de su vida lejos de las tierras españolas, hasta su muerte, no del todo confirmada en 1292. En Grecia y en Italia creó diversas escuelas de estudios cabalísticos que pervivieron, algunas en la sombra, hasta conectar con el Renacimiento y el esplendor cultural que en toda Europa de él se derivó. Algunas otras de sus obras fundamentales son *La Luz de la Inteligencia*, *El Libro de la Vida Eterna*, *El Libro de la Letra* y *Las Palabras de la Belleza*.

Aún resonaban en mi cabeza las palabras de José María González, «el grano es Abulafia», «tienes que deshacer los nudos», cuando una idea empezó a fraguar en mi mente. Abulafia había empleado transformaciones matemáticas para estudiar la Torá. Transformaciones matemáticas que permitían obtener significados más profundos de aquel sagrado texto. Por así decirlo, lo que todos podemos leer en los cinco primeros libros de la Biblia es como la capa superior de una cebolla. Quizá Rips había retirado esa capa, que ahora podíamos percibir en alguna medida gracias a los programas informáticos como *Código B*. Pero había más capas. Necesariamente debía haber más capas. Capas cada vez más pequeñas, pero también más jugosas, hasta llegar al corazón, al núcleo, el fin de todas las capas, la esfera perfecta, el centro de todo.

Ahora, después de profundizar en los métodos empleados por Abulafia, la idea sobre la clave, no del Código, sino
el quid de la cuestión, me parecía evidente: estaba en transformar matemáticamente el texto de la Torá, las 304.805
letras que lo componían desde que fuera escrito; además, el
resultado no tendría por qué ser igualmente extenso. Lo más
profundo a veces se expresa con pocas palabras. Una sentencia puede revelar grandes conocimientos. Incluso un silencio
puede valer tanto como cien palabras o mil.

Capítulo 8

Aquella tarde estaba en mi casa con Ángel Gutiérrez y Fernando Acevedo, ambos autores e ingenieros. Ángel iba a ser mi mano derecha en el proyecto *Cryptorah* y Fernando estaba programando una aplicación para someter a la Biblia a nuestros estudios matemáticos. Los tres habíamos creado para *Más Allá* el programa, con la dirección y colaboración de Javier Sierra, a quien se debe, por cierto, el nombre de *Código B*.

—Bueno —les dije mientras ponía café—, he pensado varias cosas. Podemos aplicar a la Torá unas plantillas de transformación.

—¿A qué te refieres con *plantillas*? —inquirió Ángel.

—Vayamos por partes. Nuestro objetivo es buscar la clave del código secreto de la Biblia, ¿verdad? Para ello, podemos hacer todo tipo de pruebas. Si conseguimos un mensaje en claro, habremos obtenido la clave de cifrado. Mi idea es tomar todas y cada una de las letras de la Torá, ponerlas en fila, de la primera a la última, y transformarlas hasta dar con un mensaje que tenga sentido. Después, si no hay resultados, probaremos otros métodos. Para lo primero he pensado varias cosas. La primera es colocar sobre el texto una línea igual de larga, compuesta de ceros y unos, y eliminar los ceros dejando los unos, o al revés.

—La cuestión es de dónde sacar esa línea de ceros y unos... Porque supongo que no será aleatoria.

—Tienes razón, Fernando. La primera prueba que hice fue transformar el número de letras de la Torá (304.805) en binario. El número que salió, de diecinueve dígitos (ceros y unos), lo apliqué a las primeras diecinueve letras del Génesis.

—Y obtuviste «espejo» y «pureza» —intervino Ángel.

—Eso es. Lo demás ya no tenía sentido, pero «espejo» y «pureza» me parecen dos palabras demasiado específicas y relacionadas con la propia Biblia como para que todo haya sido una casualidad.

—¿Qué dijo Javier Sierra? —preguntó Fernando.

—Está de acuerdo conmigo en que debe significar algo. Y eso es lo que tenemos que buscar. Aplicaremos plantillas de ceros y unos, o el número Pi, o la serie de los números primos, o la serie de Fibonacci...

—Lo de los ceros y unos, lo entiendo. Pero, ¿por qué el número Pi, los primos o la serie de Fibonacci?

—Las plantillas de ceros y unos habrá que definir de dónde salen. Hay que estrujarse la cabeza para encontrar números que puedan contener la clave. Lo de los decimales de Pi es bastante obvio: la esfera es la figura perfecta, imagen de Dios, *espejo* de la *pureza*; y el número Pi es intrínseco a la esfera. Además, Pi es un número trascendente e irracional. Esto suena a Dios por todos los lados. Tiene un número infinito de decimales y no puede escribirse con una ecuación simple.

—¡Vamos a intentar resolver la cuadratura del círculo! —exclamó Ángel, abriendo los brazos y sonriendo.

—Sí, la cuadratura del círculo de la Biblia; la cuadratura del círculo de Dios... —respondí—. Y el motivo de usar la serie de números primos o la de Fibonacci radica en que son series de números con «sentido inteligente». No sé si me explico. Estas series no pueden darse por casualidad. También estoy considerando la posibilidad de usar como plantilla una serie con la secuencia del ADN humano.

—Sería increíble que el ADN contuviera la clave del código —dijo Ángel.

—Sí, eso supondría una noticia de alcance mundial —añadió Fernando.

—Lo sé... Y tengo una idea aún más ambiciosa —hice una pausa teatral—: probar con el ADN de Jesucristo, presente en la Sábana Santa de Turín.

Ángel Gutiérrez y yo habíamos escrito hacía tres años una novela histórica, titulada *Síndonem*, en la que abordábamos una posible explicación de la Sábana Santa. En ella planteábamos un estudio ficticio del ADN de Jesús (si es que el hombre de la Síndone era Cristo). Ahora quizá podríamos llevar la ficción al terreno de la realidad. Yo sentía que estaba siendo guiado por una fuerza incomprensible e invisible, que me llevaba a un fin que ignoraba, pero que, sin embargo, deseaba como culminación de muchos años de esfuerzo, de afán de conocimiento, de ansia de alcanzar la verdad.

—Pero, pero... ¿Cómo vas a acceder a la Sábana Santa? —casi balbuceó Fernando.

Los ojos de Ángel brillaban de emoción.

—Yo no lo sé —dijo—. Pero estoy seguro de que, si realmente David está en lo cierto, de algún modo conseguirá lo que se propone.

A pesar de que era consciente de la enorme dificultad de lo que había propuesto, me hizo gracia la confianza y por eso sentencié con solemnidad:

—Con esto sirvo a un ideal superior, y no a mí mismo. *Non nobis...* —añadí.

Fernando me miró con gesto escéptico antes de decir:

—Sería el mayor descubrimiento de la Historia...

—Si todo coincide, sí: si la Biblia tiene realmente un código oculto y ese código tiene por clave el ADN de Jesucristo para descifrarlo, estaríamos ante la palabra de Dios pura y directa, sin espejos, como la escucharon Abraham o Moisés.

—¡Joder! —exclamó Fernando, y todos nos reímos con esa salida tan típicamente española.

—De todos modos, no nos entusiasmemos antes de tiempo —dijo Ángel—. Recuerdo aquella vez en que creímos que la campana de Gauss debía tener una forma completamente inversa.

—Sí —acepté—. Pero también es cierto que así comprendimos *de verdad* lo que significaba la teoría de la distribución normal. Nada nos garantiza el éxito. Precisamente ahí está lo valioso. Si lo conseguimos, si damos con algo, estaríamos ante un descubrimiento de proporciones gaussianas.

—¡Cómo te gusta esa frase! —dijo Fernando, con una sonrisa.

—Pero es totalmente cierto.

Mis dos interlocutores asintieron.

—Lo primero será hacer un programa que aplique las plantillas de transformación a la Torá —dijo Ángel después de una breve pausa en que todos reflexionamos sobre lo que teníamos en el horizonte—. Y esa es tarea de Fernando.

—De acuerdo —convino el interesado.

—En todo caso —añadí—, no hace falta aplicar los procesos a todo el texto de la Torá. Basta con probar con un trozo, por ejemplo con el primer versículo del Génesis. Si sacamos algo en claro, después seguiremos el proceso con el texto completo, o con una parte más amplia. Así ganaremos tiempo.

—Me parece perfecto —dijo Fernando.

—Entonces, Ángel y yo empezaremos a confeccionar una lista de posibles claves, de plantillas con sentido. Y tú te encargarás del programa. Estamos listos. ¡Que Gauss nos ilumine!

—O Yahvé —terció Ángel.

—O quien sea, pero que nos ilumine —cerró Fernando la conversación.

Unos días después, Ángel Gutiérrez había venido a mi casa hacia las cuatro de la tarde —con cierto retraso, como en él es habitual—. Traía una carpeta con todas las plantillas binarias que íbamos a aplicar al primer versículo del Génesis:

בראשית ברא אלהים את השמים ואת הארץ

Es decir:
En el principio creó Dios los cielos y la tierra

—Tengo la plantilla para el número Pi, la del ADN humano, la de la serie de los números primos y la serie de Fibonacci. Todas en binario.

—Estoy ansioso por probarlas, a ver qué encontramos...

Hay que explicar por qué habíamos decidido usar esas plantillas precisamente, y no otras diferentes. La razón se basa en cuestiones científicas. Todas esas series no son aleatorias, sino que responden a realidades de la naturaleza, de la Creación. El número Pi es intrínseco al círculo, a la esfera, a la más perfecta de las figuras geométricas. La serie del ADN humano es la que nos define como especie, la que nos diferencia del resto de criaturas, la que nos hace únicos, al menos en nuestro planeta; quizá no en el universo. Los números primos constituyen una serie muy especial: solo pertenecen a ella los números que pueden dividirse únicamente por 1 y por ellos mismos, exceptuando precisamente el número 1. Siempre se ha considerado un signo de inteligencia conocer esta serie matemática. Y la de Fibonacci, que se debe al famoso matemático italiano de cuyo apellido recibe el nombre, describe en muchos casos las estructuras de crecimiento naturales. En esta sucesión, cada término es igual a la suma de los dos que le preceden.

Como el primer versículo del Génesis tiene veintiocho letras en hebreo, las unimos eliminando los espacios entre palabras y las introdujimos en la rudimentaria aplicación que íbamos a utilizar en los ensayos. Una aplicación cuya interfaz gráfica no era más que un cuadrado gris con tres cajas de texto y un botón. La primera caja de texto tenía como función introducir las letras hebreas, mientras que la segunda era para la serie binaria que fuéramos a probar. Abajo estaba el botón para iniciar el proceso y, una vez finalizado, se mostraban las letras hebreas resultantes de su aplicación en una última caja de texto, la tercera.

Algo poco vistoso que, no obstante, podía ofrecernos, si acertábamos, un resultado muy brillante.

Esperanzados, introdujimos las letras hebreas, comprobando que ninguna estaba equivocada. Un error, por mínimo que fuera, daría al traste con la prueba.

בראשיתבראאלהיםאתהשמיםואתהארץ

Luego escribimos con el mismo cuidado los primeros veintiocho dígitos del número Pi en binario, sin la coma que separa la parte entera de la mantisa.

1100100100001111110110101010

Lo cual se corresponde con el número decimal 3´1415927...

Antes de oprimir el botón, Ángel y yo nos miramos un momento. Éramos conscientes de que teníamos muy pocas posibilidades de obtener algo positivo; pero eso no nos desanimaba. Cuanto más complicado es algo, mayor la gloria de conseguirlo.

—Pulsa tú el botón —dije a Ángel.

—La idea ha sido tuya —respondió—. A ti te corresponde el honor de hacer la primera prueba.

—No, sin ti esto sería imposible. Haz clic, por favor.

Ángel colocó el puntero sobre el botón y lo oprimió. Algo tan simple y que ahora nos parecía tan solemne. El resultado fue inmediato.

Habíamos obtenido una nueva serie de letras hebreas, esta vez solo quince de las veintiocho iniciales, pues las que coincidían en posición con los 1 se mantenían, pero las que lo hacían con los 0 se eliminaban. El resultado de las quince letras también se mostraba sin espacios.

—Bueno, ahora hay que analizar esto y compararlo con las palabras del diccionario —dijo Ángel.

Yo asentí mientras abría el diccionario *online* hebreo-inglés en la web **www.milon.morfix.co.il**. Copié en el *buffer* del ordenador las letras resultantes al completo y las pegué en la cajita de texto del diccionario. Presioné el intro del teclado y unos segundos después apareció lo que el diccionario había localizado: «word not found», es decir, «palabra no encontrada». Era de esperar. Pero aun así teníamos que probar con las quince letras en bloque. Habíamos decidido hacer la pruebas colocando la serie completa y, luego, eliminando cada letra una a una hasta que apareciera algo. Una vez halláramos una palabra con sentido lo más larga posible, la anotaríamos en un documento en blanco y probaríamos con el resto de letras, de nuevo quitando una a una hasta que apareciera una nueva coincidencia en el diccionario.

Poco a poco nos fuimos quedando boquiabiertos con el resultado. Las palabras que se encontraron fueron estas:

GRANO, SEMILLA / LANZAR, DISPARAR / DESDE / DON, REGALO / MUCHOS

Era curioso y sorprendente. No aparecían palabras como batidora o teléfono, sino *semilla, lanzar, desde, don, muchos*. Intentamos darle una interpretación: *La semilla lanzada es don para muchos*. El «desde» no encajaba bien, aunque nos parecía que en algún sitio debía poder ir. Enseguida encontramos una explicación plausible. Quizá entre «desde» y «don» había que poner el nombre secreto de Dios, del que hablaban los cabalistas. Un nombre prohibido que jamás se mencionaba y que el propio Abulafia afirmó haber encontrado. Si estábamos en lo cierto, la frase podía quedar así: *La semilla lanzada desde Dios es don para muchos*.

Enseguida cogí el teléfono y llamé a José María González. Yo sabía que la metáfora de la «semilla» era, para los neoplatónicos, los gnósticos y los propios cabalistas, un modo excelente de explicar su convicción de que el Todo está contenido en el Principio, lo posterior en lo anterior, y lo múltiple en lo simple.

—Voy a enviaros por *email*, en cuanto me sea posible, una parte de mis notas sobre ese concepto, que quizá sirvan para aclarar vuestra dudas —dijo José María—. Son citas de Plotino y de los grandes libros de la Cábala, como el *Bahir* y el *Zohar*. Ah, como curiosidad, incluiré una cita del *Corpus Hermeticum* [4], que ahora me viene a la mente. Bueno, si se me ocurre algo más, os lo mando en el mensaje.

Esto es lo que recibimos:

Simiente

Símbolo de las fuerzas latentes no manifestadas; de las posibilidades misteriosas cuya presencia no se sospecha a veces y que justifican la esperanza. También simboliza el centro místico, el punto no aparecido del que irradian todas las creaciones y crecimientos del vasto árbol del mundo. Símbolo de la vida, de la abundancia de posibilidades aún sin desarrollar.

Simiente

La sabiduría es la emanación femenina de Dios, por la que su simiente espiritual se hace realidad primeramente en la palabra articulada de la Sophia celestial y después en la materia, pasando por la matriz de la naturaleza.

---

[4] Publicado por EDAF en la colección ARCA DE SABIDURÍA.

Plotino

Así pues, como quiera que no debe existir solo el
Uno —pues sino, habrían quedado latentes todas las
cosas que, estando en aquel, carecerían de forma; además, no existiría ninguno de los Seres si aquel se
hubiera quedado en sí mismo, ni existiría la multipli-
cidad de los seres sensibles, engendrados a partir del
Uno, si no hubiesen procedido a existir los siguientes
a aquellos Seres, o sea, los que han obtenido rango de
almas—, síguese que, del mismo modo, tampoco debían
existir solo almas sin que hicieran su aparición los
seres originados por ellas, si es verdad que a cada ser
le es inherente por naturaleza la capacidad de producir
lo siguiente y la de desarrollarse a partir de algún principio indiviso, a modo de semilla, que se encamine
hasta lo sensible como final. El término anterior se queda siempre en su propio puesto, mientras que el
siguiente es procreado, por así decirlo, por una potencia tan indescriptible y tan grande como es la de los
Seres trascendentes; y esa potencia no había que dete-
nerla como circunscribiéndola por envidia, sino que
debía proseguir sin cesar hasta que todas las cosas
alcanzaran el último grado posible a impulsos de una
potencia inmensa que da de sí transmitiendo sus dones
a todas las cosas y que no puede dejar a ninguna pre-
terida y sin que participe en ella. Porque ningún obstá-
culo había como para que una cualquiera dejase de
participar en la naturaleza del Bien en la medida en
que cada una era capaz de participar. [...] Y así, todos
los seres, tanto los inteligibles como los sensibles, forman por siempre una serie continua: los primeros existen por sí mismos mientras que los segundos reciben
su existencia por siempre por participación en aquellos, imitando en lo posible la naturaleza inteligible.

El *Zohar*

«Está escrito: Los sabios brillarán con el esplendor del firmamento; y los que enseñaron la justicia a la muchedumbre resplandecerán para siempre, como las estrellas. (Daniel 12:3). La palabra esplendor (*Zohar*) designa el punto brillante que el Misterioso hizo brotar al alcanzar el vacío y que es el origen del universo, palacio construido para Su gloria. Este brillo es, en cierto modo, la semilla sagrada del mundo. Tal misterio se desprende de lo escrito en las Sagradas Escrituras: Y la simiente de la que proviene es sagrada. (Isaías 6:13)».

El *Bahir*

Y, ¿cuál es el significado del versículo de Isaías 43:5: «Y del Occidente te recogeré»? Eso significa: «te recogeré por el principio (midáh) que se inclina siempre hacia el Poniente. El Poniente, cuyo nombre es Maarab (Oeste). ¿Y cuál es el misterio de ese nombre? Radica en el hecho de que allí toda semilla se entremezcla (mit′arab). [...] Está escrito: "del Occidente te recogeré"». Lo cual nos enseña que el Creador trae la simiente de Levante y que la siembra en el Poniente. Luego, une las distintas partes de la operación.

Corpus Hermeticum

«Y bien, si resulta que a un mismo pintor se le puede encargar hacer el cielo, la tierra, el mar, los seres humanos, las cosas carentes de razón y las cosas sin alma, ¿por qué no había de ser posible que Dios lo hiciese todo? [...] Pues en Dios no hay más que una sola condición, el bien, y aquel que es bueno no es desdeñoso ni impotente. Esto es lo que es Dios, el bien, y un ilimitado poder para hacer todas las cosas. Todo lo que es engendrado lo ha sido por acción de Dios, por obra de alguien que es bueno; en otras palabras, de alguien capaz de hacer todas las cosas.

Si quieres saber cómo obra, cómo llegan a ser las cosas para que sean como son, no te resulta imposible. Piensa en esa imagen tan hermosa, que es muy semejante a él: imagina a un labrador sembrando sus semillas en la tierra, aquí el trigo, allí la cebada, más allá semillas de otra clase; imagínalo plantando la viña, el manzano y las demás especies de árboles. De la misma manera, Dios siembra la inmortalidad en el cielo, el cambio en la tierra, la vida y el movimiento en el universo. Las cosas que siembra no son numerosas, son más bien pocas y fácilmente enumerables. En total son cuatro, dejando aparte al propio Dios y la generación; en ellas se hallan las cosas que son».

Una vez más, José María González nos ponía sobre la pista, el rastro mítico cuyo significado empezaba a abrirse ante nuestros ojos. Aquello no podía ser una mera casualidad. Habíamos transformado el primer versículo de la Torá, del Génesis, aplicando una plantilla con el número Pi. Y habíamos obtenido un mensaje pleno de significado.

No, no podía ser una casualidad.

Capítulo 9

Aún sin recuperarme del *shock*, tuve que seguir buscando mensajes sobre el Vaticano y los papas, otra vez para Iker Jiménez y *Milenio 3*, en el que yo participara dos semanas antes. Para esta nueva emisión había encontrado diversos mensajes muy impactantes y curiosos. Al respecto de Pío XII, el Papa polémico por su aparente desidia a la hora de que los católicos alemanes se opusieran abiertamente al genocidio, pude comprobar que su apellido, Pacelli, que aparecía en el código una única vez, no se relacionaba con «nazi», pero sí, por el contrario, con «proteger Roma de la maldad», con «hombre santo», con «inocente del holocausto» y, para mi sorpresa, con «Hitle», sin la «R» final del apellido del funesto canciller alemán.

Demasiadas coincidencias, pensé una vez más. Incluso cuando quiero «forzar» un mensaje con las palabras más perversas que se me ocurren (como «nazi»), resulta que el código me rechaza y me muestra otro camino: el de un hombre santo que protegió a Roma (debemos entender aquí la Cristiandad) de todo mal, y que era inocente del holocausto judío.

Seguí buscando, sin un orden especial, por «Montini», que es el apellido del papa Pablo VI. Quise una vez más ser malévolo, e introduje términos de búsqueda como «luchar», «poder», «dinero», «crimen» y «ocultar». Todos estos aparecieron ante mis ojos resaltados en distintos colores sobre la pantalla del ordenador. Ahora la Biblia no corregía mis sospechas, sino que parecía confirmarlas. Después, escribí en

número hebreo la cifra 666. Limitando el proceso a una equidistancia máxima de 1.000 letras de separación, se encontraron 776 coincidencias (menos mal que no fueron 666, y eso
que el numerito se las traía por la afinidad; aunque me di
cuenta poco después de que yo había detenido manualmente
el proceso, por lo que aquello fue una especie de mala pasada de la suerte). No sé por qué, qué motivo o impulso me
llevó a ello, pero introduje mi propio nombre en la búsqueda
secundaria. Me dije que si no aparecía ligado al 666, estaba
claro que yo no era el Anticristo, y sonreí a la fría pantalla.
Esperé el tiempo que llevó la búsqueda al ordenador y respi-
ré aliviado —por mucho que aquello fuera una especie de
broma— al recibir el alegre mensaje de «No se ha encontrado ninguna coincidencia de los términos buscados. Inténtelo
con nuevos términos si lo desea». Menos mal... Pero, ¡no me
había dado cuenta!, mi nombre es «David», de origen hebreo.
Así es que volví a escribirlo en esa lengua y añadí «Zurdo»
tal como se escribe en caracteres latinos, pues aunque tenga
traducción al hebreo, su origen es español.

El susto fue morrocotudo —si se me permite esta expresión— cuando vi aparecer ante mis ojos la primera coincidencia. En total fueron cuatro y, aunque ninguna de ellas
parecía significativa desde el punto de vista de su configuración espacial, mi corazón dio un vuelco. Ahora me parece
que enloquecí, espero que transitoriamente, cuando solo se
me ocurrió pensar que quizá todo aquello del código de la
Biblia, todo lo que me había llevado a estar aquella noche
buscando 666 mezclado con mi nombre, era obra del Destino con mayúscula. Y el Destino me indicaba con la fiereza
de un puñetazo en pleno rostro que yo podía ser... ¡No! Eso
no era una posibilidad. Decidí buscar otros datos que afian-
zaran el mensaje o lo derribaran como una estatua de sal.
Seleccioné el año hebreo que corresponde a mi año gregoriano de nacimiento: «5731», o sea, 1971. No apareció. Y me
alegré de veras, porque estaba empezando a sentir auténtico
miedo.

Entonces recapacité. Con 766 coincidencias del 666, era relativamente fácil que mi nombre, al ser corto, apareciera en el entorno de alguna de las matrices de resultados. Por lo tanto, y para desterrar del todo y finalmente aquel ataque de enajenación, escribí uno de los nombres españoles por excelencia: «Juan García». Pasé de la expectación al alivio cuando la primera (y única) coincidencia se mostró en pantalla. Volví atrás y escribí «José López», otro nombre muy habitual en España. También salía en el Código, y en esta ocasión hasta cuatro veces. Me había salvado; y lo digo medio en broma medio en serio.

En el momento en que empezaba a relajarme noté un escalofrío en la espalda. Se me erizó el pelo. Me sobrecogí. Ya había trabajado bastante por aquella noche. Era tarde (más de las dos de la madrugada). Apagué el ordenador, fui a beber un vaso de leche y me acosté, aunque puse la televisión. No tardé en quedarme dormido con el programa de Fernando Sánchez-Dragó (que, por cierto, también se interesó por el *Código B*, según me dijo Iker Jiménez, al que preguntó por el particular). Aunque a veces favorece el sopor, tengo que decir aquí de él que es una persona maravillosa, lo cual se demuestra con un simple detalle: siempre coge el teléfono directamente cuando le llaman (cuando está en España, claro). No mira desde arriba a los que están abajo, porque él sabe bien que nadie está realmente arriba o abajo.

Seguí buscando mensajes durante varias horas del día siguiente. Los que se emitieron en *Milenio 3* esa noche, en una intervención mía por teléfono, fueron estos:

Búsqueda inicial: **IGLESIA**
Búsqueda secundaria: **ABUSAR** / **FIEL** / **REBAÑO** / **DESCONFIANZA**

El Código parecía indicar que podrían quedar al descubierto abusos de la Iglesia para con el pueblo de Dios.

Búsqueda inicial: **JUAN XXIII (ANGELO RONCALLI)** **[RONCALI]**
Búsqueda secundaria: **ÁNGEL** / **PADRE** / **IGLESIA** / **SANTIDAD**

El papa Juan XXIII, iniciador de la apertura eclesiástica del Concilio Vaticano II, aparecía en el Código rodeado de buenas palabras.

Búsqueda inicial: **PABLO VI (GIOVANNI BATTISTA MONTINI)**
Búsqueda secundaria: **LUCHAR** / **PODER** / **DINERO** / **CRIMEN** / **OCULTAR**

Muchos puntos oscuros quedan en el pontificado de Pablo VI, como los relacionados con la Banca Ambrosiana, responsables incluso de suicidios.

Búsqueda inicial: **PÍO XII (EUGENIO PACELLI)**
Búsqueda secundaria: **PROTEGER** / **ROMA** / **MALDAD** / **HOMBRE** / **SANTO** / **HOLOCAUSTO** / **INOCENTE**

Aunque a Pío XII se le han imputado dolorosos crímenes, u omisiones, en el Código se le exculpa de todas estas acusaciones.

Búsqueda inicial: **PAPISA JUANA (JUAN VIII)** [COMO **JUAN8** EN HEBREO]
Búsqueda secundaria: **MUJER** / **MADRE** / **IGLESIA** / **PROTEGIDA** / **DIOS** / **MUERTE** / **NUEVA** / **VIDA**

Aparece en el Código uno de los personajes religiosos más controvertidos, del que se duda incluso sobre su existencia histórica.

Búsqueda inicial: **SAN MALAQUÍAS (MALACHI,** RAÍZ HEBREA**)**
Búsqueda secundaria: **ÚLTIMO** / **PADRE** / **ROMANO** / **112**

Las profecías del papa San Malaquías predicen el último pontífice de la Iglesia desde que él inicia su particular cuenta. ¿Estamos cerca de ese último Vicario de Cristo en la Tierra?

Al día siguiente me hizo gracia un correo electrónico de Javier Sierra, en que me decía que menudos ánimos había dado «al personal». Sí, los mensajes eran bastante agoreros, pero eso es lo que suele interesar más. Es natural: no se puede mostrar el mismo interés por saber cuándo va a ser el fin del mundo que por saber si me compraré en tal año un coche nuevo. Lo digo en todo jocoso, pero es la verdad. También había mensajes esperanzadores, que anunciaban buenas nuevas o nos dejaban entrever que podríamos evitar los desastres.

Recuerdo que Javier Sierra e Iker Jiménez se mostraron en contra del determinismo en el programa *Milenio 3* anterior, cuando yo estuve con ellos. Yo acepto que nuestra mente nos lleve a creer que somos libres. Queremos creerlo, y nos parece que lo somos. Pero, en mi caso, no estoy tan seguro de que sea así. Cuando una bola de billar golpea a otra, a la causa la sucede su efecto. Si lanzamos una piedra al aire, esta caerá al suelo irremediablemente. Son leyes de la física, las necesidades del universo en que vivimos.

Siguiendo el mismo planteamiento lógico, si cada causa tiene un efecto determinado, que vale para la bola de billar o la piedra, o para sistemas mucho más complejos, como un bombo de lotería, el sistema más complejo de todos, a saber, el ser humano, debe cumplir también esas necesidades primordiales, esas leyes que regulan la materia y la energía. No hay nada, ninguna fuerza que contrarreste este hecho físico. ¿O sí? Si el alma existe, si poseemos una parte de nuestro ser de naturaleza espiritual, entonces podríamos escapar de la esclavitud de la materia. Al menos en parte. En ese caso, y solo en ese caso, la libertad puede existir.

Desde un análisis puramente materialista, se llega al determinismo... Aunque no siempre. Desde que Werner Heisenberg postuló su *Principio de Indeterminación o Incertidumbre*, muchos científicos materialistas abandonaron el concepto de un mundo determinado... Aunque no todos. El más importante y célebre de todos los hombres de ciencia del siglo XX, Albert Einstein, dedicó muchos esfuerzos y tiempo a negar que el *Principio de Indeterminación* demostrara nada, salvo que es imposible medir al mismo tiempo la posición y la velocidad de una partícula, si esta es lo bastante pequeña que haga la interacción con el método de medida no despreciable. En otras palabras: si yo pretendiera medir la posición y la velocidad de un transeúnte lanzándole un guijarro con todas mis fuerzas, el impacto le haría variar tanto su posición como su velocidad (probablemente caería al suelo entre gritos de dolor y de pánico), de modo que el resultado de mi experimento, además de criminal, estaría afectado de una desviación provocada por mí mismo al llevar a cabo la experiencia.

Con un alma inmortal, las cosas cambian, y cambian mucho, radicalmente. La voluntad y la libertad residirían en ella, que las comunicaría de un modo desconocido a nuestra mente. La mente controla muchas de las funciones del cerebro, y este da órdenes al resto del cuerpo. Así podríamos negar el determinismo absoluto al que nos condenaría la materia. Aunque no con toda seguridad... Solo si, además de creer en el alma, creemos en un Creador que nos ha hecho libres, que nos ha otorgado el libre albedrío como don más preciado, además de la vida misma, tiene sentido creer en nuestra libertad.

Yo quiero creer esto último. Lo deseo con todo mi ser. Pero no lo tengo tan claro como para convertir mis suposiciones, basadas en numerosas ocasiones en la observación, la reflexión y la meditación, en una fe.

Si se hallara la clave del código de la Biblia, la cautela se tornaría seguridad.

Capítulo 10

Joan Tresserras, guionista y uno de los productores de *Crónicas Marcianas*, me llamó por teléfono mientras yo buscaba nuevos mensajes en el código de la Biblia.

—¿Puedes venir este miércoles? ¿Te viene bien?

—Estoy muy liado con el libro (con este libro). Pero, sí, puedo hacer un hueco.

—Entonces, hecho.

Ese miércoles había comido con Ángel Gutiérrez y, con mi carpeta llena de mensajes, me dirigí a la redacción de *Más Allá*, donde había quedado a las cuatro de la tarde con Javier Sierra para ir juntos al aeropuerto. Debíamos tomar el puente aéreo con destino a Barcelona, y pensábamos aprovechar el vuelo para hablar de ciertos detalles relativos a la intervención en el programa.

—Tú piensa que *Crónicas* es «territorio enemigo». Aunque ya verás cómo Sardá en un tipo estupendo que te *dará caña*, pero intentando que te sientas a gusto. Tú expón lo que tienes que exponer, y ante lo que él diga muéstrate imperturbable como la Esfinge.

Yo sabía que *Crónicas Marcianas* no era el programa indicado para hablar del código secreto de la Biblia, pero su enorme audiencia hacía interesante una aparición que permitiera llegar con este tema tan misterioso y profundo, heredero de una tradición milenaria, a todas las personas que fuera posible.

Lo primero que hicimos en Barcelona, pues disponíamos de cierto margen de tiempo, fue tomar algo en una cafetería próxima al edificio de la productora Gestmusic. Allí nos esperaba Joan Tresserras. Con él analizamos los mensajes que yo previamente le había enviado por correo electrónico y estudiamos el desarrollo de la sección, que Javier Sierra llevaba realizando desde hacía ya cuatro años.

—¿Tengo que tener miedo de Javier Sardá? —le pregunté a Joan.

—Nada de eso. Ya verás como te vas a sentir bien con él en el plató.

—La mesa es muy grande y tendrás sensación de espacio —dijo Javier—. Eso es muy importante. Tú habla con vehemencia, ve al núcleo de las cosas y no intentes explicarlas de una manera demasiado amplia o compleja. Esto es televisión, no radio. Yo haré una introducción rápida, porque este tema es ya muy conocido por el público, y empezamos a comentar los mensajes.

—Muy bien.

Después, un conductor de la productora nos llevó a los estudios, a las afueras de Barcelona. Hacía muy buen tiempo, una temperatura excelente y no demasiada humedad. Los estudios eran enormes y estaban repletos de un pulular de empleados del programa, yendo y viniendo por los pasillos y escaleras. La verdad es que es difícil imaginar la cantidad de personas que trabajan en un programa de ese tipo para conseguir que su producción sea tan perfecta. Puede gustar más o menos por sus contenidos, pero nadie duda que está realmente bien hecho.

Cuando nos llegó la hora de grabar, yo estaba un poco nervioso. Pero al entrar en el plató y saludar a Javier Sardá se me pasaron los nervios. Tomé asiento a su izquierda, puse el ordenador portátil en la mesa, a un lado, y mis papeles a otro. Sardá me dijo que habría algo de cachondeo, pero que la sección era así y que no me preocupara. Tomé asiento y esperé a que presentaran a Javier Sierra. Empezaron a grabar. Yo expliqué lo que tenía que explicar, aguanté el tipo ante las ocurrencias de Javier Sardá (algunas muy brillantes, hay que reconocerlo), y me sentí en todo momento arropado por Javier Sierra, frente a mí en la mesa. Había estado ya antes un par de veces en televisión, pero era la primera vez que participaba en un *show* televisivo. La experiencia resultó muy enriquecedora, por más que no fuera el lugar adecuado para hablar de misticismo, cábala, saberes antiguos y conocimientos nuevos basados en la vieja Torá.

Al terminar la grabación Sardá se acercó a mí y se despidió con mucha amabilidad. Es todo un caballero, me alegré de conocerlo. Después, Javier Sierra y yo cenamos juntos en los estudios y nos marchamos al hotel donde pasaríamos la noche. En el coche de la productora que nos trasladó fuimos con Kiko Matamoros y su mujer, y Dinio y su novia. En efecto, *Crónicas Marcianas* no era el lugar más adecuado para hablar de mensajes ocultos en la Ley de Dios...

Al día siguiente, ya en Madrid, Javier Sierra me llamó para comunicarme los datos de audiencia de su sección en *Crónicas Marcianas*. Habíamos empezado con un 30% de cuota de audiencia y acabamos con un 50%. A esa hora de la noche (ya de la madrugada), una de cada dos personas que estaban viendo la televisión, entre cadenas públicas, autonómicas, locales o de pago, había sintonizado *Crónicas Marcianas* y estaba escuchando mi intervención sobre el *Código B*.

Javier también me dijo que esa mañana, en la redacción de *Más Allá*, se habían recibido muchas llamadas de personas interesándose por el programa informático que permitía encontrar mensajes ocultos en el texto de la Torá: el programa de Fernando Acevedo, Ángel Gutiérrez y mío, que se acompañó con la revista del número de octubre.

Capítulo 11

Los primeros resultados, obtenidos aplicando la idea de plantillas binarias al texto de la Torá, habían sido sorprendentes, casi increíbles, y sobre todo muy esperanzadores. Parecía que ese camino podía aportar grandes descubrimientos, aunque de interpretación muy difícil y compleja. Necesitábamos ampliar nuestro círculo de investigadores, formado ya por mí mismo, Ángel Gutiérrez, Fernando Acevedo y José María González. Nos hacía falta un auténtico experto en etimología hebrea, que debería empezar a trabajar con nosotros cuando tuviéramos todas las series binarias aplicadas al texto completo de la Torá.

Entonces, como cosa aparte, y siguiendo mi primer instinto de que la clave del Código podía formar parte de la propia Biblia, estar encapsulada en el texto de algún modo, se me ocurrió una nueva idea. La primera prueba con una serie binaria, que había realizado con anterioridad a la correspondiente al número Pi, fue con el número de caracteres de la Torá, es decir, las 304.805 letras que la componen. De ahí saqué la expresión «espejo de la pureza» que tanto me había sorprendido e intrigado. Pero solamente la había aplicado una vez. Lo lógico era colocar los diecinueve dígitos binarios que corresponden a 304.805 en notación decimal y probar con una cantidad mayor de letras, y no solo las primeras diecinueve.

Ejecuté en el ordenador el programa que Fernando había confeccionado para aplicar las series binarias a la Torá y escribí el número dos veces. Antes de copiar los primeros versículos del Génesis y efectuar la transformación, lo vi. Antes no me había dado cuenta, y eso que soy sumamente aficionado a los juegos con letras y números. El 304.805 en binario, o sea, 1001010011010100101, empezaba con seis dígitos que eran idénticos a los seis últimos: 100101.

—Qué curioso —pensé—. Vaya casualidad.

¿Pero acaso y realmente existe la casualidad? Aquel número podía significar algo. ¿Pero qué? Lo copié en el *buffer* de Windows y abrí la calculadora. Pinché en la opción para usar sistema binario y pegué el número. Luego lo convertí en decimal.

Estuve a punto de gritar. No sé si llegué a hacerlo ahogadamente. El número que apareció ante mis ojos, escrito en negro sobre el blanco brillante del monitor, ¡era el 37! [5].

El 37 no es un número cualquiera, como no lo es el 666. Si este último corresponde a la Bestia, al Anticristo, el 37 es para muchos el número de Lucifer, el Ángel Caído, la criatura luminosa, amada de Dios, que osó rebelarse contra él y que acabó transformándose en un ser malvado y demoníaco.

En los siguientes días, mis descubrimientos acerca de la Biblia y Lucifer no me dejaron conciliar el sueño, o lo perturbaban limitando mi descanso. No quería creerlo. Prefería pensar que las matemáticas me estaban jugando una mala pasada, que las probabilidades habían jugado a confundirme. Y lo habían conseguido. Pero todo era demasiado extraño. Era, usando el símil, como sentarse en un pajar inmenso y clavarse la aguja en el trasero. ¿Puede ocurrir? En efecto, es posible. La pregunta, sin embargo, no era esa. La posibilidad no otorga seguridad. La física, la ciencia tangible, nos enseña que un suceso improbable no debe a menudo tenerse en

---

[5] Según algunas tradiciones, el 37 es un número vinculado a las fuerzas oscuras. Concretamente en el *Libro de Urantia* se explica la relación de Lucifer con este número.

consideración. Aproximar es típico de la física, así como buscar situaciones elementales, suponer cosas que son *casi* verdad sin que, como sucedería en las puras e ideales matemáticas, esa *casi* verdad se convierta en falsedad. La física es el mundo real, mientras que las matemáticas son algo platónico, del Mundo de las Ideas. En el universo no hay esferas perfectas, ni círculos de infinitos puntos. Esto son únicamente límites de lo inteligible, conceptos abstractos que nos inducen a pensar; y luego el pensamiento, como la palabra, obra lo real y tangible por medio de las manos.

Creer que la aparición del número 37 era mera casualidad, no cabía en el pensamiento racional de alguien con los pies en el suelo. Pero yo seguía buscando una explicación alternativa y, sobre todo, más tranquilizadora.

Mientras tanto, me costaba conciliar el sueño. Y más aún cuando fui encontrando *ciertos* mensajes en la Torá que, por el momento, prefiero reservarme.

Tres días después de mi descubrimiento del 37, tuve la idea de ponerme en contacto con el padre Gabriele Amorth, el exorcista de la diócesis de Roma y presidente de la Asociación Internacional de Exorcistas (curiosa asociación...). Por así decirlo, Amorth era el *exorcista de verdad*; un hombre que había llegado a decir que «quien crea que el diablo no existe, está fuera de la fe», rememorando la famosa frase de que el mayor engaño del demonio es hacernos creer que no existe.

Llamé por teléfono a la Nunciatura de Madrid y, nervioso, comenté mi intención de entrevistarme con él, insistiendo en que había hecho ciertos descubrimientos sobre el Maligno en la Biblia y quería comunicárselos en persona. Expliqué la aparición del 37 en el número de letras de la Torá, y que había otros mensajes que relacionaban a Amorth con algo terrible.

Al día siguiente fui a ver a la redacción de *Más Allá* para ver a Javier Sierra y contarle lo que había hallado.

—Si consigues la entrevista con el padre Amorth, me voy contigo a Roma —dijo Javier, acompañando sus palabras con una palmada en la mesa.

—Sería estupendo —respondí yo, contento de que todo aquello le ilusionara tanto como a mí.

—Además —siguió diciendo—, podríamos aprovechar para hacer una visita al Vaticano. Seguro que nos lo enseñaría Paloma Gómez Borrero.

A mí eso último me sonó a guasa.

—¿Paloma Gómez Borrero, la corresponsal en Italia de TVE? —inquirí con cierta sorna. Luego recapacité ante la mirada de Javier—. ¿Lo dices en serio?

—Pues claro. Paloma es amiga mía. Estoy seguro de que no tendría inconveniente en hacernos de guía en Roma.

—¡Coño! —exclamé—. Pues sí, me encantaría...

Pero la realidad distaba mucho de esa posibilidad. No era fácil que Gabriele Amorth me concediera una entrevista personal. Y las cosas, además, no estaban como para pensar en visitas turísticas. Aun así, contra todas las dificultades, yo estaba decidido a hacerle llegar mi descubrimiento a quien mejor podría entenderlo.

En la Nunciatura fueron muy amables. Incluso me dijeron que se ocuparían de mi petición y me pidieron mi número de teléfono. Aseguraron que me llamarían. Pero el silencio fue la única respuesta. Ni corto ni perezoso, después de más de una semana de espera, metí en un sobre las páginas con mis hallazgos y una carta para el padre Amorth, y me dirigí en persona a la Nunciatura.

Aparqué con cierta dificultad en la avenida de Pío XII, en Madrid, muy cerca del número 46. Desde fuera se apreciaba que el recinto de la Nunciatura era muy grande, por la parte visible del muro que lo circundaba. A la derecha de la entrada de vehículos, había una puerta metálica pintada en un gris opaco y más bien triste. Pulsé el botón del intercomunicador, con cámara, y esperé hasta que una voz me preguntó qué deseaba. Yo expliqué que había llamado por teléfono en numerosas ocasiones y que deseaba tratar en persona el asunto de mi petición de entrevista con el padre Amorth. Tras unos segundos de tenso silencio, la puerta emitió el zumbido que indicaba la apertura de su cierre.

—Puede usted pasar.

Así lo hice. Traspasé el umbral y ante mis ojos se abrió un espacio aún mayor de lo que había imaginado, con una vía asfaltada que rodeaba un amplio jardín muy bien cuidado. No había nadie a la vista. A la derecha estaba lo que parecía ser la casa de los guardeses. Más lejos, y en el lado contrario, había un edificio tipo palacete. Subí la leve cuesta que conducía hacia este. Junto a la tapia vi a un jardinero.

—Perdone, ¿es este el edificio principal? —le pregunté.

—Sí, sí —dijo él—. Si la puerta está cerrada, llame al timbre.

La gran puerta acristalada, efectivamente, estaba cerrada. Pulsé el botón del timbre y esperé. A los pocos segundos apareció un hombre, vestido con una bata corta de color azul intenso. Me sorprendió ese atuendo, cuando yo esperaba que me abriera un sacerdote vestido con sotana... Aquel lugar llamaba a eso. Entré en un amplio recibidor. A la derecha había un busto del papa Juan Pablo II, con una chapa conmemorativa de su visita a España en 1982 y del hecho de que se hospedara en la Nunciatura durante su estancia. Enfrente tenía una escalinata con una alfombra burdeos y un gran cuadro. A la izquierda se hallaba el acceso a las oficinas.

—Usted dirá.

—No sé si he hablado con usted hace un momento, por el comunicador.

—Sí, era yo.

Aquel hombre no se presentó de ninguna manera. Antes me había costado convencerlo, o eso parecía, para que me dejara pasar al recinto. Le expliqué de nuevo mi intención de entrevistarme con el padre Amorth.

—Al menos, si no es posible, quisiera que ustedes le hagan llegar estos documentos.

Él no dijo nada al respecto. Se limitó a asentir. Cuando le mostré el sobre, dirigido a Amorth, puso una cara extraña y me pidió que lo enviara al Vaticano. No quiso cogerlo. Ni siquiera lo tocó.

Con palabras contadas y tono lacónico, me desviaban de nuevo de mis intenciones. Estaba convencido de que, por correo normal, aquel sobre no llegaría nunca al padre Amorth. Aunque, en realidad, no estaba seguro. Ni conocía lo que Amorth mismo sabía de todo aquello. Quizá estaba pecando de ingenuo. Lo que yo había descubierto podía ser algo conocido de sobra por la Iglesia. Seguramente sí. Pero podría ser que no. Una vez fuera del recinto di un pisotón a la calzada, que más me dolió a mí que a aquel gris cemento de la acera. Contrariado, me di la vuelta y empecé a caminar a paso ligero hacia el coche. Yo siempre ando rápido cuando estoy nervioso, así es que el hombre que me detuvo, necesitó poco menos que asaltarme. Me paré y me giré hacia él. Tenía unos cuarenta años, era alto y delgado, y usaba unas pequeñísimas gafas casi cuadradas. Las facciones de su rostro y la expresión de su mirada me inspiraron confianza inmediata. Se presentó como sacerdote, aunque no quiso decirme su nombre.

—¿Ha intentado usted ponerse en contacto con el padre Amorth? —me preguntó, sin auténtico tono de pregunta.

—Así es.

—Yo puedo ayudarle.

Aquellas enigmáticas palabras, dichas en español con cantarín acento italiano, hicieron que un escalofrío recorriera mi espalda de arriba abajo. ¿Quién era aquel hombre? ¿Y cómo sabía que podía ayudarme?

—Entre en el coche —dijo mientras abría la puerta del copiloto de mi automóvil.

No respondí nada. Me limité, aturdido, a tomar el puesto al volante.

Sin mirarme, el desconocido extrajo una pequeña tarjeta del interior de su americana y me la tendió entre los dedos, con la mano extendida. Por un momento pensé, absurdamente, que iba a sacar una pistola.

Yo cogí la tarjeta con la mano algo temblorosa. No dije nada. La miré un momento: tenía escrita una dirección de Roma y un nombre, sin más.

—¿Qué...? —intenté decir.

—Usted envíe lo que tenga que enviar a esta dirección.

No hubo ocasión para más palabras. El desconocido hizo una leve inclinación de cabeza y salió del coche. Le vi alejarse por el retrovisor.

Reflexioné durante unos minutos, tratando de entender aquel encuentro tan extraño. Después escribí el nombre y la dirección de la tarjeta en el mismo sobre que había llevado a la Nunciatura, y lo envié desde una oficina de correos.

Solo me quedaba esperar. Si aquel hombre misterioso no me había engañado, al menos cabía la posibilidad de que el padre Gabriele Amorth recibiera mi carta. Aunque, aun siendo así, yo ignoraba si obtendría respuesta. Casi prefería olvidarme del asunto. Si pudiera...

En el momento de publicarse este libro, ni el padre Amorth, ni ninguna otra persona en su nombre, se ha puesto en contacto conmigo. Sólo se me ocurren, al respecto, dos vías de juicio: o bien lo que envié es de sobra conocido; o bien se lo ha tomado a broma. Quizá mis descubrimientos no sean más que una fútil casualidad, algo sin importancia. Pero en ningún caso, creo yo, deberían ser tomados a la ligera. Lo que ha aparecido ante mis ojos durante la investigación es algo tremendo, relacionado con el mundo, el hombre, la vida, la Iglesia Católica, el propio padre Gabriele Amorth... Dejémoslo ahí. Permítaseme dejarlo ahí.

Como dije páginas atrás, cualquier descubrimiento desesperanzador debía ser guardado, máxime cuando está por confirmar. No busco aquí ningún honor de explorador de lo des-

*El proyecto Cryptorah
tiene vocación de
extenderse en un futuro
a todas las personas
que deseen colaborar.*

```
100101
001101
010010
110010
100110
```

conocido. Ojalá me equivoque. Ojalá. Pues, si no, no habrá lugar a reconocer ningún supuesto mérito.

Por otro lado, menos triste y turbador, las investigaciones del proyecto *Cryptorah* debían continuar. Teníamos algo entre manos, algo que podía ser importante. Algo que, incluso, quizá derribaría las terribles sospechas relacionadas con Lucifer. Los primeros ensayos indicaban eso con claridad. Seguiríamos, por tanto, haciendo pruebas. Pero el problema es tan complejo que tuvimos que idear un método para acelerar los ensayos. Quizá era la única manera de conseguir la clave del Código y disipar las dudas.

En esta segunda fase *Cryptorah* se extendería a todas las personas que desearan colaborar en la búsqueda de dicha clave. La idea era emular el método del proyecto SETI, de la Universidad de Berkeley (EE.UU.), cuyo fin es la búsqueda de inteligencia extraterrestre. Para ello, instalaríamos en miles de ordenadores particulares una pequeña aplicación que, en los instantes de inactividad de la computadora, o por deseo del usuario, realizase automáticamente procesos criptográficos que luego se enviarían como informes a una base de datos centralizada.

Esto multiplicaría por miles la posibilidad de dar con la clave secreta del código de la Biblia. De hallarse esta, quizá estaríamos ante el descubrimiento más importante de la historia de la Humanidad. Confiemos en ello, aunque con prudencia. Si hay un destino que guía a los hombres, lo que deba ocurrir ocurrirá. Hagamos todo lo posible, todo lo que esté en nuestras manos; y miremos hacia los cielos esperando la iluminación.

Esto no es un final; es un principio...

Capítulo 12

Los mensajes

En esta parte del libro vamos a analizar diversos mensajes obtenidos por el método de Rips. Esta es quizá la parte del libro que menos avanza respecto al código secreto de la Biblia, pero merece la pena analizar de qué se nos «avisa». Además de acontecimientos que afectan al mundo, he creído oportuno centrarme sobre todo en mensajes domésticos, de España y los españoles, así como de nuestros hermanos de América, o relacionados con nosotros y ellos de un modo directo.

Drosnin es americano, y los americanos miran siempre hacia las grandes praderas; yo miraré aquí hacia nuestros pequeños bosques. He recogido mensajes sobre el Papa, la Iglesia, las guerras, las amenazas nuclear y terrorista, los magnicidios, pero también sobre nuestros políticos, la economía española, el paro, la delincuencia, la inmigración; y hasta algunos de nuestros «famosos». Todo ello de ayer y hoy, y puede que mañana y pasado. Solo el tiempo dirá si en algo hemos acertado, si hemos visto el futuro por medio de una texto escrito hace más de tres mil años.

Muchas de las preguntas que se muestran en este capítulo sobre el código de la Biblia parten de un experimento ideado por Iker Jiménez. En la madrugada del viernes 19 al sábado 20 de septiembre de 2003, el programa se dedicó por entero al Código, y en el que participó el autor de este libro.

Se batieron records de audiencia y los oyentes participaron muy activamente. Casi dos mil mensajes SMS fueron recibidos durante la semana del programa y la hora y media de emisión, con las preguntas que inquietan a las personas que los enviaron. El resultado de esta ingente cantidad de material constituye en sí misma un estudio sociológico de los temas que más interesan a una sociedad. De este modo, la mayor parte de los mensajes que pueden verse en este capítulo están inspirados en esas preguntas (excluyendo las personales), las que más se repiten, las más hondas, las más misteriosas e inquietantes.

También hubo preguntas muy personales y algunas incluso chistosas. No pretendo aquí convencer a nadie. Reconozco que podemos reírnos de todo, siempre que no perdamos las buenas maneras. Con ciertas preguntas yo mismo me reí, porque eran imaginativas y brillantes (como una en que se pide saber en qué lugar exacto de Valencia se puede sobrevivir al Holocausto Nuclear, o preguntarle a la Torá por la edad real de la actriz Marujita Díaz). Sí, podemos reírnos; pero la Biblia nos muestra también mensajes aterradores.

Siguiendo este «experimento» que se inició con *Milenio 3*, he tomado la iniciativa de llamar por teléfono a treinta de las personas que enviaron mensajes SMS con sus consultas e inquietudes. Reproduzco en este libro un resumen genérico de sus respuestas, pero antes de ir a ello quiero establecer las pautas por las que me regí a la hora de encuestar a estos oyentes. El modelo básico de la encuesta, el cuestionario al que sometí a quienes accedieron a responderlo, fue el siguiente:

1. ¿Crees en el código de la Biblia?
2. ¿Para ti es más cuestión estadística o realidad en sí?
3. ¿Cómo lo conociste?
4. ¿Por qué preguntaste lo que preguntaste?
5. ¿Crees que puede aportarnos información sobre el futuro?
6. ¿Te afecta en tu vida diaria lo que puedan decir los mensajes?

7. ¿Seguirías las pautas que te marcaran los mensajes?

8. ¿Crees que la Biblia es el único texto sagrado donde puede haber mensajes codificados?

9. ¿Crees que el destino está escrito o te inclinas hacia el libre albedrío?

10. ¿Crees que la verdad *está ahí fuera*, esperando a que la descubramos?

La media de edad de los encuestados fue de 26 años, con valores extremos de 13 y 47 años. Por sexos, el 43% lo constituyen mujeres y el restante 57% varones. En cuanto a las respuestas a cada pregunta, expondré el resultado a continuación, pero antes hay que mencionar que la encuesta tiene únicamente como fin mostrar el grado de interés que el Código B ha despertado entre la población, y no solo entre las personas aficionadas *a priori* a los temas esotéricos y ocultos.

1. ¿Crees en el código de la Biblia?

Mayoritariamente, los encuestados decían mostrarse escépticos o relativamente escépticos ante la posibilidad de un código cifrado en el texto de la Torá, aunque sí aceptaron creer que tal código podía existir realmente.

2. ¿Para ti es más cuestión estadística o realidad en sí?

La estadística era asumida como un hecho seguro en los resultados del Código. Sin embargo, la mayoría de los encuestados coincidieron al creer que la coincidencia de ciertos mensajes muy específicos, y que en otros libros no se dan, abre la puerta a una interpretación más amplia que la mera casualidad matemática.

3. ¿Cómo lo conociste?

Curiosamente, muchas de las personas encuestadas no conocían el Código a través de los libros de Michael Drosnin. Aproximadamente la mitad tenía una idea bastante correcta sobre quién era Drosnin, pero solo uno de cada diez había leído alguna de sus obras. Es importante resaltar que un buen número de encuestados tenía el deseo de adquirir algún libro sobre el tema.

4. ¿Por qué preguntaste lo que preguntaste?

La inmensa mayoría de las personas que participaron mediante mensajes SMS en *Milenio 3* dijo haber hecho la consulta que más le interesaba sobre el futuro próximo en términos globales y sociales. Pocos fueron los que preguntaron por su propio futuro, y un resto usó el medio como simple broma.

5. ¿Crees que puede aportarnos información sobre el futuro?

La dificultad de localización de mensajes exactos que predigan el futuro fue muy bien entendida por los oyentes de *Milenio 3*. Una mayoría bastante amplia aceptaba que la Biblia pudiera predecir el futuro, pero que era muy difícil definir correcta y claramente los mensajes; lo cual, evidentemente, no sucede con el pasado, que se puede confirmar y se muestra perfectamente codificado en la Torá.

6. ¿Te afecta en tu vida diaria lo que puedan decir los mensajes?

Aunque casi la mitad de los encuestados reconocía que los mensajes apocalípticos o de grandes desgracias le causaba una honda impresión, casi todos los encuestados coincidían en pensar que el futuro está en nuestras manos y que no debemos dejarnos guiar por predicciones, sean estas cierta o no. Solo tomarlas como avisos que nos hagan aumentar nuestra cautela y nuestro cuidado ante los acontecimientos que podrían venir en el futuro.

7. ¿Seguirías las pautas que te marcaran los mensajes?

Casi no hubo discrepancia en la respuesta a esta cuestión. Los encuestados coincidieron en su práctica totalidad en afirmar que solo seguirían aquellos mensajes que ofrecieran un camino positivo, sin obsesionarse, de un modo razonable.

8. ¿Crees que la Biblia es el único texto sagrado donde puede haber mensajes codificados?

A pesar de la inercia que la obra de Drosnin y el tema de los mensajes ocultos en la Torá había creado en la sociedad, los encuestados coincidieron mayoritariamente en que quizá otros libros sagrados de distintas tradiciones religiosas podrían contener, igualmente, un código oculto. Incluso las centurias de Nostradamus, que también han sido objeto de estudio en esta línea.

9. ¿Crees que el destino está escrito o te inclinas hacia el libre albedrío?

El determinismo no es popular. Ningún encuestado se mostró abiertamente a favor de un destino escrito e inmutable. La balanza se equilibra entre quienes confían en el libre albedrío absoluto y quienes piensan que la libertad del hombre es limitada, pero en ningún caso controlada totalmente por el destino.

10. ¿Crees que la verdad *está ahí fuera*, esperando a que la descubramos?

No hubo dudas a este respecto. Todas las personas que participaron en la encuesta estuvieron de acuerdo en que los hechos más extraños que suceden en esta realidad parcialmente desconocida que llamamos mundo, son susceptibles de conocerse y explicarse, aunque sea en términos espirituales. La verdad está ahí fuera, y los seres humanos queremos, *necesitamos*, saberla.

En cuanto a los mensajes basados en las consultas, el modo de presentarlos aquí será situando primero la llamada búsqueda inicial y después la secundaria. La inicial es la que se establece en primer lugar, y sobre la que se tratarán de localizar los términos asociados en la secundaria, que se introducen con posterioridad y sobre las coincidencias de la inicial.

MENSAJE 1

Búsqueda inicial:
[MARTE]

Búsqueda secundaria:
1 [○ **HUMANIDAD** / □ **CONQUISTAR** / ◇ **VIAJE** / ⬠ **AÑO 2011**]
2 [**COLONIZACIÓN** / **AÑO 2015**]

Marte

Desde hace ya varios años el Planeta Rojo está en el punto de mira de la investigación espacial y de agencias, como la célebre NASA o la Agencia Espacial Europea, la ESA. Ese interés está justificado por varias razones. Entre ellas, el hecho de haberse encontrado en Marte agua en forma de hielo, concentrada principalmente en las zonas polares del planeta. En el agua está, como hoy ya sabemos sin lugar a dudas, el origen de la vida orgánica que, eventualmente, puede llevar al desarrollo de seres inteligentes como el ser humano. De este modo, su presencia podría significar la existencia de vida. Además, la opción de extraer agua del propio Marte facilitaría enormemente la tarea de su futura colonización.

Como ya hemos dicho, se han desarrollado multitud de proyectos de investigación relacionados con Marte, y no es ningún secreto que su objetivo principal es la preparación de una misión tripulada con destino a ese planeta. Sin ir más lejos, la ESA cuenta con el proyecto *Aurora*, dentro del que está contemplado ese fin. La fecha que propone el proyecto para que un hombre pise Marte por primera vez es en 2025. Por tanto, no resulta descabellada la fecha que sugieren estos mensajes, 2011/2015, pues la tecnología y la ciencia avanzan a un ritmo exponencial y no es impensable que las exigencias técnicas y de otros tipos implicadas en una misión tan compleja sean resueltas antes de lo esperado. De hecho, el astronauta español Miguel López Alegría declaró precisamente que el 2015 era una fecha viable para el inicio de las expediciones a Marte.

Hay precedentes de este adelanto en las previsiones de objetivos difíciles de conseguir. La descodificación del ADN humano finalizó mucho antes de lo que establecían los más optimistas, porque los sistemas informáticos empleados en ella se desarrollaron mucho más rápidamente de lo que en principió se creyó que sería posible, y porque la inversión económica en ese campo fue extraordinariamente grande.

MENSAJE 2

Búsqueda inicial:
1 [VATICANO]

2 **[CATOLICISMO]**

Búsqueda secundaria:
1 [**TIEMPO** / **DURO** / **DIFÍCIL** / **NUEVO** / **PADRE** /
SALVACIÓN]
2 [○ **FIN** / □ **PODERÍO** / ◇ **ROMA** / ⬠ **AÑO 2006**]

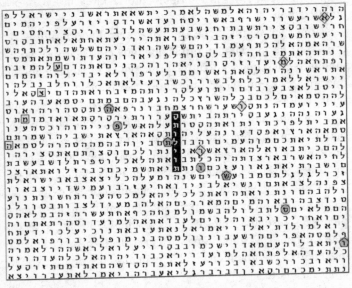

Catolicismo

La Iglesia Católica ha pasado ya por momentos muy difíciles a lo largo de su agitada historia. Basta recordar las guerras de religión y los cismas de la Edad Media y del Renacimiento, la Inquisición, o la delicada situación en que la situó
la Segunda Guerra Mundial. Y estos mensajes parecen vati-

cinar la llegada de un nuevo tiempo difícil para la Iglesia y para la representación material de su poder terreno, el Vaticano. Durante los últimos treinta años se ha discutido fervientemente el papel de la Iglesia en el mundo, y la crítica más dura o, por lo menos, la más dolorosa, vino de su propio seno. La *teología de la liberación* cuestionó y cuestiona una Iglesia que considera alejada de los más desfavorecidos, encadenada en el pasado por su propio dogmatismo. ¿Qué otros duros retos le aguardan a la Iglesia en los próximos años? ¿Qué podría hacerla caer, y obligarla a regresar a los tiempos en que las manchas de humedad de una oscura catacumba ocupaban los techos de los templos cristianos, en lugar de los frescos de pintores como Miguel Ángel?

MENSAJE 3

Búsqueda inicial:

2 [ADN]

Búsqueda secundaria:
1 [○ **DUPLICACIÓN** / □ **HUMANA** / ◇ **CONTRA** / ⌂ **DIOS**]
2 [**ADN** / **GENOMA** / **HUMANO** / **CONOCER** / **HUMANIDAD** / **SIGLO XXI**]

Inesperadamente, una humilde oveja supuso un punto de inflexión en la historia de la Humanidad. Su nombre era Dolly, y nació como ningún otro ser vivo complejo había nacido jamás: por clonación a partir de otra oveja —cuyo nombre ignoramos, por cierto—. Que eso fuera posible abrió las puertas a un mundo nuevo. Uno en el que ya no resulta absurdo imaginar réplicas de nosotros mismos en las que depositar nuestras vivencias y conocimientos, nuestros deseos y sentimientos; en definitiva, aquello que nos define y que *somos*. Estoy hablando de inmortalidad, en última instancia. A ello se le unen otras muchas posibilidades, que solo dan la impresión de no ser tan importantes por la comparación con esta otra: la de crear unos seres humanos «mejorados», o hasta una raza completamente nueva; la de sustituir miembros u órganos mutilados, desgastados o inútiles por otros completamente operativos y humanos; la de acabar con enfermedades que hasta ahora mataban, y matan, irremediablemente al hombre... Es un mundo nuevo, ya digo. Y como siempre ocurre ante lo desconocido, existen dos posturas: la de maravillarse y atreverse a explorarlo, o la de no osar siquiera preguntarse qué puede depararnos.

Clon

MENSAJE 4

Búsqueda inicial:
[**FÁTIMA**]

Búsqueda secundaria:
[**AUTÉNTICO** / **MILAGRO** / **VIRGEN** / **MARÍA**]

Entre mayo y octubre de 1917 se produjeron unas de las apariciones, o supuestas apariciones, más ampliamente reconocidas como verdaderas. Ocurrió en la Cova de Iria, no muy lejos de la ciudad portuguesa de Leiria. La Virgen María se presentó en seis ocasiones a tres pequeños pastores, Lucía, Francisco y Jacinta, y les hizo tres revelaciones, conocidas por *Los Tres Misterios de Fátima*. En dos de ellas se anunciaban próximas guerras y otros desastres; el contenido de la tercera permaneció oculto durante años, primero por Lucía, que entretanto se había convertido en monja, y luego también por el Vaticano, a quien la religiosa reveló el misterioso mensaje en plena Segunda Guerra Mundial. Este solo se hizo público ochenta y tres años después de la primera aparición de Fátima. Por orden del papa Juan Pablo II, el Secretario de Estado del Vaticano —algo así como su primer ministro— confesó que el *Tercer Misterio de Fátima* vaticinaba el atentado que sufrió ese Papa en 1981, el que casi le costó la vida y del que milagrosamente se salvó a pesar de las graves heridas, según cree fervorosamente Juan Pablo II, por intervención de la Virgen de Fátima.

MENSAJE 5

Búsqueda inicial:
[**VIDA ALIENÍGENA**]

Búsqueda secundaria:
[**MÁS** / **ANTIGUA** / **TERRESTRE** / **PROTEGER** / **HOMBRE** / **CIELO** / **VISITAR** / **TIERRA**]

Aunque ningún gobierno o agencia gubernamental haya reconocido jamás oficialmente la existencia de extraterrestres, lo cierto es que parece existir una abrumadora cantidad de pruebas que apoyan esa teoría. Como se decía en la película *Contact*, basada en el libro de Carl Sagan, sería un enorme desperdicio de espacio que, en la inmensidad del universo, no hubiera más seres inteligentes que los humanos. No sé por cuánto tiempo más seguiremos con la duda de si existe alguna base real para tantas supuestas pruebas, o de si son consecuencia, en cambio, de una especie de paranoia común altamente contagiosa; o de una confabulación universal, no menos contagiosa, que pretende hacer creer al mundo una gran mentira. En cualquier caso, mientras no haya seguridades, cabe siempre imaginar y suponer. Este mensaje parece indicar que las visitas de seres extraterrestres no son algo moderno, sino que podrían haberse dado desde tiempos ya antiguos, o que incluso una raza alienígena podría haber habitado la Tierra antes de la aparición del propio ser humano. Esta no es una teoría nueva. Que sea cierta o no es algo que, con un poco de suerte, veremos algún día.

MENSAJE 6

Búsqueda inicial:
1 [OPONENTE MESÍAS]
2 [666]

Búsqueda secundaria:
1 [○ **(la) BESTIA** / □ **AÑO 2010**]
2 [**(la) BESTIA** / **SATÁN** / **FALSO** / **MESÍAS** / **BATALLA** / **FINAL** / **AÑO 2010**]

Oponente del Mesías

De acuerdo con las palabras de San Juan el mundo llega-
rá a su final con el Apocalipsis, al que antecederán signos
premonitorios y tiempos terribles, y una inevitable y cruenta
batalla entre las fuerzas del Bien y las fuerzas del Mal. Al
mando de estas últimas estará el enviado supremo de Sata-
nás, el Anticristo, la versión oscura del Mesías enviado por
Dios. Como todo el mundo sabe, principalmente gracias a las
películas, el 666 es la marca de la Bestia, su número distinti-
vo. Era de esperar que la palabra Anticristo no apareciera
como tal en la Torá, pues se trata de un término más moderno, pero en ella sí se habla de un Oponente del Mesías que
parece lícito considerar como una figura equivalente. Según
el mensaje, La Bestia, el Falso Mesías, se dejará ver por el
mundo en el año 2010, momento en el que también comen-
zará la batalla final entre el Bien y el Mal. Es de suponer que,
como en el caso de Jesús de Nazaret, el Anticristo comience
sus andanzas ya siendo adulto, lo que, bien mirado, implica

necesariamente que ese siniestro personaje viva ya entre nosotros, aguardando en la oscuridad a que llegue su momento.

MENSAJE 7

Búsqueda inicial:
[CONTINENTE PERDIDO]

Búsqueda secundaria:
[○ **MAR** / □ **GRANDE** / ◇ **ESPLENDOR**]

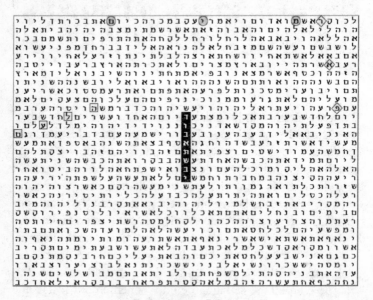

El Continente Perdido

«Había una isla delante del Estrecho que llamáis las
Columnas de Hércules (Estrecho de Gibraltar), que era más
grande que Libia y Asia juntas». Este es un extracto del
Timeo, uno de los *Diálogos* del célebre filósofo Platón, y la

primera referencia que se tiene hasta el momento de la Atlántida, un reino antiquísimo, de una riqueza y un poder enormes, que supuestamente surgió hace más de 10.000 años y
que desapareció brusca y misteriosamente, tragado por las
aguas después de un cataclismo de algún tipo —se supone
que un maremoto.

Desde tiempos antiguos la Atlántida ha intrigado a multitud de pensadores, que trataron de establecer si se trataba de
un simple mito inventado por Platón o por las fuentes en que
él se basó, o de una realidad histórica. Todavía hoy en día,
científicos e historiadores siguen intentando resolver el enigma, pues descubrimientos como el de Troya, llevado a cabo
por el inestable pero riguroso Heinrich Schliemann, demuestran que lo que siempre se tomó por fantasías y licencias lite-
rarias puede resultar históricamente cierto.

Las teorías al respecto son muchas. Hay quien afirma que
la Atlántida era una isla del Mediterráneo; para otros, se trataba de las Islas Canarias; y algunos llegan incluso a propo-
ner que era el Continente Americano. Este mensaje no des-
vela el misterio de la localización del Continente Perdido,
otro nombre habitual y evocador para la Atlántida, pero sí
parece confirmar su existencia y su grandeza.

MENSAJE 8

Búsqueda inicial:
1 **[GUERRA MUNDIAL]**
2 [JUICIO DIOS]

Búsqueda secundaria:
1 [○ **TERCERA** / □ **AÑO 2008** / ◇ **HOMBRE** /
⬠ **POSTERGAR**]
2 [**FIN** / **MUNDO** / **DESPUÉS DE** / **TERCERA** / **GRAN** /
GUERRA / **AÑOS 2010 Y 2011**]

Guerra Mundial

Uno de los comentarios más célebres del eminente físico Albert Einstein fue aquel que sirvió de respuesta a la pregunta de cómo pensaba él que sería la Tercera Guerra Mundial. Lo que dijo es que lo ignoraba, pero que estaba seguro de que la Cuarta sería con piedras y palos... Pues bien, si el vaticinio de este mensaje resulta cierto, y no su segunda parte, «hombre / postergar», en el año 2008 tendremos el dudoso privilegio de saber lo que Einstein desconocía o, más probablemente, lo que no quería ni imaginar: cómo será la Tercera Guerra Mundial. Confiemos en que eso no ocurra, aunque lo que está sucediendo en el mundo no ofrezca ciertamente muchas esperanzas. El hambre, las enfermedades, la desigualdad y la guerra se multiplican, campan a sus anchas por este ya castigado planeta. Solo a nosotros nos cabe terminar con el hambre, prevenir y curar las enfermedades, hacer a todos los hombres iguales, y alejar el horror de la guerra. Si no lo hacemos, después del 2008 podrían estar tirándose piedras y luchando con palos los pocos que hayan quedado con vida. El único consuelo es que no podrán hacerlo durante mucho tiempo, pues el Juicio Final, el Apocalipsis —esta vez el bíblico— les estará aguardando, de acuerdo con el segundo mensaje, poco tiempo después.

MENSAJE 9

Búsqueda inicial:
[**PAZ**]

Búsqueda secundaria:
[**MUNDIAL** / **DEFINITIVA** / **PRIMER** / **PASO** / **AÑO 2010**]

Como no todo podían ser desgracias y malos augurios, este mensaje ofrece el brillo de la esperanza, al prever la paz mundial definitiva para el año 2010. Esperemos que no se trate de una especie de humor negro, y que la paz a que se refiere el mensaje no sea consecuencia de la extinción de la Humanidad, bien por la posible Tercera Guerra Mundial del 2008, o bien por el Apocalipsis Divino del 2010. No hay lugar más tranquilo que un cementerio...

MENSAJE 10

Búsqueda inicial:
[**WOJTYLA (WOITYLA)**]

Búsqueda secundaria:
[○ **KAROL** / □ **MUERTE** / ◇ **AÑO 2004**]

Juan Pablo II

Los problemas de salud del Papa son conocidos, y han sido reconocidos —no sin ciertas reticencias y con cierto retardo, eso sí—, públicamente. Juan Pablo II es un hombre anciano, que sufrió un grave atentado y que padece enfermedades graves, como el Parkinson, a pesar de lo cual se muestra incansable y continúa con su labor pastoral. Todo ello acabará cobrándole su precio antes o después. ¿Será en 2004? Ya lo veremos.

MENSAJE 11

Búsqueda inicial:
[ASESINATO]

Búsqueda secundaria:
[○ **ARAFAT** / □ **TERRORISMO** / ◇ **AÑO 2005**]

Yasser Arafat es, probablemente, una de las personas con más suerte del mundo. Aunque esto pueda sonar a escarnio, en realidad no lo es. El líder palestino ha sufrido multitud de atentados y siempre ha salido ileso o, al menos, con vida y sin daños graves. Durante los últimos años y a pesar de momentos de gran tensión como los que se dieron con los asedios de su cuartel general por tropas israelíes, Arafat ha podido respirar con una relativa tranquilidad, pues la cúpula del gobierno israelí y de sus temibles servicios secretos, el Mossad, decidieron hace algún tiempo no llevar a cabo nuevos intentos para eliminarlo. Todo parece indicar, más allá de las meras habladurías, que esa política podría estar a punto de cambiar, y que Arafat podría convertirse de nuevo en un objetivo a abatir por el Estado de Israel (o por los suyos, como en el caso de Itzhak Rabin). Siendo así, el funesto anuncio de este mensaje quizá se convierta en realidad.

Yasser Arafat

MENSAJE 12

Búsqueda inicial:
[COLUMBIA]

Búsqueda secundaria:
[○ ACCIDENTE / □ FUEGO, INCENDIO]

Columbia

El accidente del trasbordador espacial Columbia llevó a la muerte a toda su tripulación, y supuso uno de esos raros puntos negros de la impecable historia de la NASA (si exceptuamos también el accidente del Challenger). Desde luego, es curioso que en este mensaje aparezcan relacionados los términos Columbia y accidente, pero la extrañeza es aún mayor cuando ambos se relacionan a su vez con la palabra fuego, que también significa incendio en hebreo. Y esto es porque, de todas las posibles causas que podrían haber producido el desastre, fue precisamente el incendio del combustible lo que provocó la destrucción del transbordador —ese incendio fue consecuencia del funcionamiento defectuoso de una junta del tanque de almacenaje—. Así lo determinó la comisión encargada de investigar el accidente del Columbia, dirigida por el premio Nóbel de Física Richard P. Feynman, tras un análisis exhaustivo de todas las circunstancias que envolvieron el accidente y de los propios criterios de construcción del transbordador.

MENSAJE 13

Búsqueda inicial:
[KEOPS]

Búsqueda secundaria:
1 [○ **CONTENER** / □ **ENIGMA** / ◇ **COSMOS**]
2 [**CONSTRUIDA** / **AYUDA** / **SERES** / **EXTRATERRESTRES**]

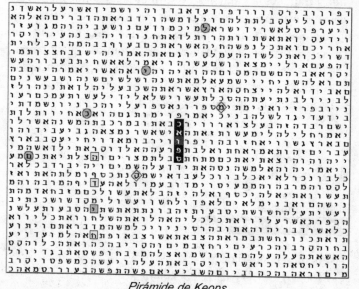

Pirámide de Keops

Keops fue un poderoso faraón que gobernó Egipto en el tercer milenio antes de Cristo. Según la tradición, él ordenó que se construyera una de las más fabulosas muestras de la arquitectura humana, que merecidamente formó parte de las *Siete Maravillas del Mundo*: la pirámide de Gizeh. La enorme complejidad de esta construcción, los increíbles recursos y la pericia que debieron ser necesarios para alzarla, y las precisas y numerosas coincidencias de aspectos geométricos de la pirámide con constantes matemáticas y astronómicas, han hecho pensar a un número considerable de investigadores que es virtualmente imposible que los hombres de esa época fueran capaces de diseñarla y construirla. Pero el hecho es que está ahí, inmutable sobre las arenas del desierto, por lo que estos investigadores, unos más serios y otros meros charlatanes, han tratado, y tratan, de buscar una explicación. Una de la más curiosas es la de que la pirámide de Gizeh fue construida con ayuda de seres extraterrestres, lo que se afirma también en el segundo mensaje.

Más allá de la polémica en torno a la construcción de la Gran Pirámide, hay quien se centra en los posibles «mensajes» que esta pueda contener. Las pistas para desvelarlo se supone que están, dicen quienes defienden esta hipótesis, en esas coincidencias matemáticas y astronómicas que he mencionado antes. Esta es la teoría con la que parece concordar el primer mensaje, que habla de que en la pirámide de Keops está contenido el enigma del Cosmos.

MENSAJE 14

Búsqueda inicial:
[ZAPATERO (en hebreo)]

Búsqueda secundaria:
[○ **FINALIZADO** / □ **AÑO 2004**]

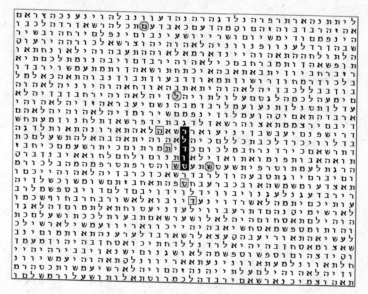

José Luis Rodríguez Zapatero

Ante un mensaje como este solo caben conjeturas, puesto que no tenemos pistas acerca de qué cosa relacionada con Zapatero tendrá supuestamente fin en el año 2004. No obstante, teniendo en cuenta que José Luis Rodríguez Zapatero es el dirigente del principal partido de la oposición, el PSOE, y que las encuestas no hacen sino confirmar un previsible triunfo de Rajoy y del Partido Popular en las próximas elecciones generales, es admisible suponer que lo que podría finalizar en el 2004 es el propio Zapatero. O, para no dejar cabida a interpretaciones luctuosas, sería más apropiado decir que lo finalizará es Zapatero como cabeza del PSOE.

MENSAJE 15

Búsqueda inicial:
[RAJOY]

Búsqueda secundaria:
1 [○ **GOBERNAR** / □ **AÑO 2004**]
2 [**GOBERNAR** / **ESPAÑA** / **ÉPOCA** / **DIFÍCIL, DURA**]

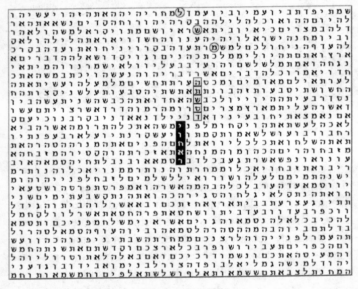

Mariano Rajoy

Si el futuro de Zapatero no resulta muy halagüeño, de acuerdo con los mensajes encontrados sobre él, el destino de Rajoy parece ser prometedor. No obstante, vemos que existen dos caras de la moneda. Por un lado, supuestamente Rajoy se convertirá en el nuevo presidente del Gobierno tras las elecciones de 2004; pero por otro, los mensajes le vaticinan tiempos difíciles. No se especifica qué hará difíciles a esos tiempos: si se tratará de problemas sociales o económicos; de otros relacionados con el extremismo nacionalista y el terrorismo, o de una nefasta combinación de estas y otras causas. En cualquier caso, por el bien de todos, esperemos que esos tiempos no lleguen, y que si lo hacen, Rajoy sea capaz de hacerles frente del mejor modo posible.

MENSAJE 16

Búsqueda inicial:
[**DA VINCI**]

Búsqueda secundaria:
[○ **VIO** / □ **FUTURO** / ◇ **GENIO**]

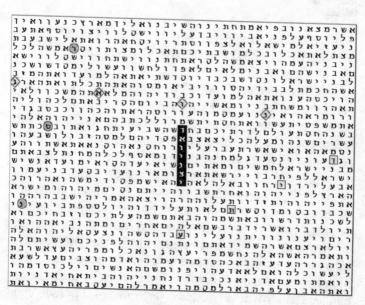

Leonardo da Vinci

Muy pocos dudan de que Leonardo da Vinci fuera un auténtico genio. Hombre del Renacimiento donde los haya, mostraba interés por casi todo, pintura, escultura, ciencia, ingeniería... Y en todo lo que hacía mostraba un virtuosismo fuera de lo común. Muchos de sus inventos y de sus máquinas han sido calificados como fruto de un espíritu visionario, pero de ser cierta la audaz teoría que propone este mensaje, que da Vinci vio el futuro, parte de lo que siempre se ha atribuido a su genio no sería debido a él. Aunque, por otro lado, ¿qué mayor genialidad podría haber que descubrir un inimaginable e imposible método para alcanzar a ver el futuro?

MENSAJE 17

Búsqueda inicial:
[SIDA]

Búsqueda secundaria:
[○ **VACUNA** / □ **DEFINITIVA** / ◇ **AÑO 2004**]

Al Síndrome de Inmuno-Deficiencia Adquirida o, simplemente, SIDA, se le ha llamado, no sin argumentos de peso, la peste del siglo XX. Esta verdadera plaga, que ha saltado ya al siglo XXI, afecta cada vez a un mayor número de personas, sin hacer distinciones entre niveles económicos o de formación, o entre preferencias sexuales. Es, en ese sentido, una plaga *democrática*. Lo que no es ni mucho menos equitativo son las posibilidades de prevención y tratamiento de la enfermedad. Esta casi se ha convertido en una dolencia crónica más en el mundo occidental. En cambio, destruye cada vez un número mayor de vidas en los países del Tercer Mundo o en vías de desarrollo, que carecen de medios económicos para pagar los costosos tratamientos. Por todo ello, es más que deseable el descubrimiento de una vacuna definitiva, barata y eficaz para tan terrible dolencia. El mundo será un lugar mejor y más justo si ese acontecimiento se da en el año 2004. Ojalá que el Código no se equivoque en esto.

SIDA

MENSAJE 18

Búsqueda inicial:
[ROSWELL]

Búsqueda secundaria:
[ÁREA / 51 / NAVE / ALIENÍGENA / AÑO 1947]

Los extraños y nunca aclarados del todo hechos ocurridos en la localidad de Roswell, Nuevo Méjico, en 1947, continúan siendo, después de tantos años, uno de los llamados «casos OVNI» más célebres de la Historia, y una de las pruebas más habitualmente ofrecidas sobre la veracidad de visitas extraterrestres a la Tierra, y sobre el conocimiento de las mismas y su ocultación por parte del ejército y del gobierno de Estados Unidos. Los que admiten esta teoría se alegrarán de ver confirmadas sus sospechas por este mensaje que liga a Roswell con una nave alienígena y el año 1947. Y, a todo ello, con la no menos célebre y misteriosa *Área 51*, nombre en clave con el que se conoce a una base ultrasecreta situada en pleno desierto de Nevada y perteneciente a la Fuerza Aérea americana. En ella, se esconde y analiza, según los investigadores del fenómeno OVNI, la nave extraterrestre que supuestamente cayó o fue derribada en Roswell, que, como información curiosa adicional, se encuentra cerca de Alamogordo, donde se detonó la primera bomba atómica.

MENSAJE 19

Búsqueda inicial:
[VIAJE TIEMPO]

Búsqueda secundaria:
[TIEMPO / RELATIVO / HOMBRE / PREPARADO / SIGLO XXII]

El viaje en el tiempo es una de esas cosas que inflaman la imaginación. La oportunidad de corregir el pasado, o de ver anticipadamente el futuro que nos aguarda, sería algo extraordinario, si bien en extremo peligroso. Las acciones de un viajero del tiempo podrían tener consecuencias imprevisibles, dadas las complejas relaciones que existen entre prácticamente todo; y no sería difícil que un bienintencionado intento de arreglar una situación pasada produjera, a la larga, mayores inconvenientes que si se hubiera dejado tal cual.

Eso, aparte de las en principio inevitables paradojas que podrían ocurrir, y que llevarían a conflictos irresolubles, al menos con nuestros conocimientos actuales.

Varios científicos ilustres han estudiado la posibilidad real de viajar en el tiempo, y en general se admite que es imposible hacerlo. Quizá por ello, en este mensaje que promete el viaje en el tiempo para el próximo siglo, se advierta de que será solo una capacidad «relativa».

MENSAJE 20

Búsqueda inicial:
[FUSIÓN POLO]

Búsqueda secundaria:
[○ **INUNDAR** / □ **COSTAS** / ◇ **AÑO 2010**]

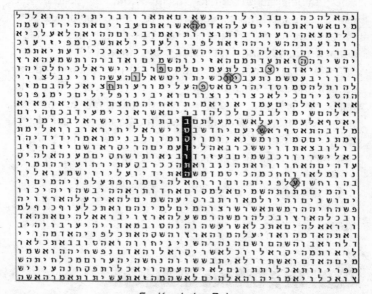

Fusión de los Polos

Desde hace ya varios años están en boca tanto de científicos como de las llamadas personas de la calle expresiones como «efecto invernadero» o «calentamiento global». Todos sabemos, por tanto, lo que eso significa: que la temperatura media del planeta está aumentando y que eso puede tener consecuencias graves, como el deshielo de los casquetes polares. El inevitable aumento en el nivel de las aguas de mares y océanos que eso provocaría haría que muchas zonas hoy en día costeras quedaran irremisiblemente bajo las aguas, con los evidentes trastornos y desastres que eso implicaría: desplazamientos masivos de personas, hundimiento de poblaciones enteras, incluidas grandes ciudades, reducción de los terrenos habitables, etc.

No es la primera vez en la Historia que ocurre algo parecido. Ya ha habido glaciaciones, que enterraron medio planeta bajo los hielos, y también aumentos de temperatura que hicieron retroceder a esos mismos hielos hasta su lugar de origen en las zonas polares. Así, el problema no es tanto que se esté produciendo un cambio climático como el hecho de que este se dé a un ritmo tan acelerado. Eso es lo que hace que ni el ser humano ni las especies animales y vegetales consigan adaptarse con la suficiente rapidez al cambio.

Aún está en nuestra mano evitar el efecto invernadero, reduciendo las emisiones que destruyen la capa de ozono hasta niveles que puedan ser controlados por los medios naturales encargados de destruirlas (como las masas forestales y los océanos). Pero no se puede perder tiempo, según este mensaje; el año 2010 está muy cerca.

MENSAJE 21

Búsqueda inicial:
[INICIO VIDA (= ALIENTO, ALMA)]

Búsqueda secundaria:
[○ REGALO, DON / □ YAHVÉ]

Inicio de la vida

   Conforme avanza la ciencia y aumenta nuestro conocimiento sobre el planeta y el universo, parece estar cada vez
más claro que la vida es algo precioso, extremadamente raro;
no ya la vida inteligente, aún más excepcional si cabe, sino
cualquier tipo de vida orgánica. Puede decirse, en consecuencia, que el que exista vida en este planeta y que su variedad
y número sea tan grande es casi un milagro. O quizá sea un
milagro completo, como propone este mensaje. Según él, la
vida no se inició, o no se inicia, por una casualidad en extremo improbable, que es lo que parece estar demostrado científicamente, sino porque un ser superior, que aquí se llama
Yahvé, tuvo a bien conceder ese regalo a la Tierra, y a otras
Tierras que puedan existir en la inmensidad del Cosmos.

MENSAJE 22

Búsqueda inicial:
[**METEORITO**]

Búsqueda secundaria:
[**DESTRUCCIÓN** / **TIERRA** / **AÑO 2005** / **HOMBRE** / **DESVIAR**]

El cine ya ha tratado en varias ocasiones el tema de que un cuerpo celeste (un asteroide, por ejemplo) esté a punto de impactar, o impacte, contra la Tierra. Y, a diferencia de otros casos, esto no es ficción. Es un hecho probado que no solo existe esa posibilidad, sino que no resulta tan improbable que ocurra algo así como en principio podría parecer. De hecho, ya ha habido impactos de meteoritos contra la Tierra.

Lo que por desgracia ya no sería tan probable es que el asunto tuviera un final feliz, llegado el caso de que un meteorito o un cometa, o lo que sea, siguiera una trayectoria de colisión inevitable con nuestra planeta. En primer lugar, porque el universo es inimaginablemente grande. Esto, aunque sea una perogrullada, no deja de ser cierto. Y las consecuencias de ello, en este tema, son que el «ataque», por llamarlo de alguna manera, puede venir de muchos lados y que hay muchos posibles «atacantes». Otro inconveniente es que resulta muy, muy difícil calcular la trayectoria exacta que, previsiblemente, puede seguir un objeto celeste que está a millones de kilómetros de nosotros. Por ello, es complicado saber con certeza si algo puede chocar o no contra la Tierra con antelación suficiente para tratar de hacer algo. Y más difícil aún es determinar el local preciso donde eso puede suceder.

Por estas y otras razones, los científicos están atentos al cielo, vigilando todo lo que pueda amenazarnos, refinando sus métodos de determinación de órbitas y trayectorias. Esa es, por ejemplo, una de las funciones del Centro Europeo de

Operaciones Espaciales (ESOC), perteneciente a la Agencia Espacial Europea (ESA).

No es impensable por tanto que, en el 2005, un meteorito de un tamaño suficiente —como para destruir por completo la Tierra o la vida— se dirija hacia nosotros, como dice este mensaje. Sin embargo, para sosiego de los más alarmistas, podemos decir que el mensaje ofrece también un rayo de esperanza, al hablar de «desviar», dejando ver que en la vida real también pueden caber los finales felices.

MENSAJE 23

Búsqueda inicial:
[CRISTO]

Búsqueda secundaria:
1 [O **HIJO YAHVÉ**]
2 [**MESÍAS** / **SALVADOR** / **REDENTOR**]

Jesucristo

Llevamos más de dos mil años de Cristianismo y a lo largo de todo este tiempo sus seguidores han pasado por etapas muy distintas, desde una casi indiferencia inicial por quienes tenían el poder, a persecuciones, cismas, guerras de religión y otros conflictos, y finalmente a una posición de fuerza en el mundo. Y todo ello por la doctrina de Cristo, el hijo de un carpintero, que afirmó ser también Hijo de Dios (Yahvé), el tan esperado Mesías, salvador y redentor del hombre.

MENSAJE 24

Búsqueda inicial:

[YAHVÉ]

Búsqueda secundaria:
[○ **ELOHIM** / □ **RESPLANDECER**]

Yahvé

En este mensaje se da una configuración impresionante de las palabras que lo forman. Son una especie de cruz con dos brazos horizontales en las que se muestran las palabras Yahvé, Elohim y Resplandecer. No hay que comentar mucho más. En esta ocasión, la Torá lo dice todo a través del Código.

MENSAJE 25

Búsqueda inicial:
[PADRE NEGRO]

Búsqueda secundaria:
[○ **ROMA** / □ **AÑO 2004**]

Mucho se ha especulado con la posibilidad de un Papa de piel oscura como sucesor de Juan Pablo II. La fecha, el año

El Papa Negro

2004, coincide con la de la supuesta muerte de Karol Wojtyla (o quizá su retiro forzado, que es una especie de muerte).
Entonces tendría lugar un cónclave en el que se elegiría un
nuevo Padre de la Iglesia y de todos los creyentes católicos.
No habrá que esperar mucho tiempo para saber si este mensaje es certero.

MENSAJE 26

Búsqueda inicial:
1 [**AZNAR**]
2 [**BUSH**]

Búsqueda secundaria:
1 [○ **IRAQ** / □ **ALIANZA** / ◇ **BUSH** / ⬠ **GUERRA** /
✡ **AÑO 2003**]
2 [**BLAIR / AZNAR**]

Aznar

La invasión de Irak por los ejércitos de Estados Unidos y Gran Bretaña se convirtió en uno de los temas más polémicos de los últimos años. También ha sido discutido el apoyo de nuestro país a esa empresa. En cualquier caso, es innegable la curiosa relación de palabras de estos mensajes, donde están ligados tres presidentes de países envueltos en la guerra (Bush, Blair y Aznar), y en el que se habla de una alianza y de una guerra contra Irak en el año 2003.

MENSAJE 27

Búsqueda inicial:
[BORBÓN]

Búsqueda secundaria:
1 **[PRÍNCIPE / MATRIMONIO / MUJER / EXTRANJERA / REY / AÑO 2010]**
2 **[○ PRÍNCIPE / □ ORTIZ]**

El Príncipe

Entre una parte relevante de los españoles existía un considerable interés por saber con quién iba a casarse el heredero del trono, el príncipe Felipe. Por razones evidentes, el príncipe de Asturias pertenecía al grupo de los llamados «solteros de oro», y desde luego no han faltado candidatas. Algunas de ellas han dado la impresión de ser algo más que una relación pasajera y otras, que quizá habrían podido llegar más lejos, se han visto frustradas por diversas razones.

Pues bien, el heredero ha elegido ya a su futura reina y, en consecuencia, a la que será reina de todos los demás españoles. Se trata de una periodista, de nombre Letizia Ortiz y nacida en Asturias. No se cumple, por tanto, la predicción del primer mensaje, aunque, en principio, no diera la impresión de ser descabellada. La segunda parte del mismo podría aún cumplirse ya que, en el 2010, Felipe de Borbón tendrá poco más de cuarenta años, una edad perfecta para sustituir a Don Juan Carlos en la jefatura del Estado. Por otro lado, habría sido normal que hubiera elegido a una extranjera como su esposa, pues eso mismo han hecho todos sus predecesores en los últimos ciento veinticinco años.

En un segundo mensaje sí se muestra el apellido Ortiz. Quizá sea defecto nuestro al buscar, y no error del Código, emitir estos dos mensajes que no cuadran entre ellos. O quizá el príncipe Borbón del primer mensaje no sea Don Felipe...

MENSAJE 28

Búsqueda inicial:
[CASTRO]

Búsqueda secundaria:
[○ **FIDEL** / □ **MUERTE** / ◇ **AÑO 2010**]

Fidel Castro

Desde su ascenso al poder Fidel Castro gobierna los destinos de Cuba, mediante una implacable dictadura que dura ya más de cuarenta años, y que parece ser imposible derrotar, pues lo ha resistido todo: una crisis con Estados Unidos que casi lleva al mundo a una guerra nuclear (la célebre *Crisis de los misiles*); un intento de invasión dirigido por la CIA en Bahía Cochinos; el derrumbe de la Unión Soviética, «fuente» de la ideología de Castro, y motor casi imprescindible de su economía; el bloqueo económico de Estados Unidos; el rechazo internacional ante los abusos del régimen cubano contra los derechos humanos y políticos... Por lo que se ve, solamente una cosa podría quizá poner fin a ese estado de cosas: la muerte del propio dictador que, según este mensaje, ocurrirá en el año 2010.

MENSAJE 29

Búsqueda inicial:
[PADRE E HIJO]

Búsqueda secundaria:
[○ BUSH / □ ATACAR, APLASTAR, DEVORAR / ◇ IRAQ]

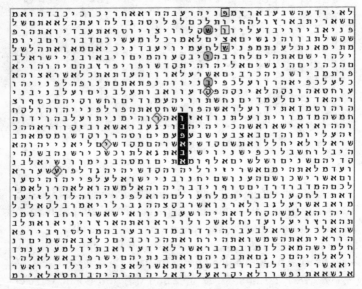

Bush, padre e hijo

No es común que un padre y un hijo consigan llegar al peldaño más alto del poder de una nación, y es todavía más raro que los dos la lleven a la guerra contra un mismo país. Pero ese es precisamente el caso de George Bush padre e hijo. El primero, tuvo un comienzo difícil en política, pero acabó siendo jefe supremo de la CIA y vicepresidente de Estados Unidos con Ronald Reagan, y luego ocupó el ansiado lugar de este en 1989. Poco después, en agosto de 1990, envió al ejército de la primera potencia mundial al desierto de Arabia, para expulsar a Irak de su vecino Kuwait, que había invadido.

Geoge Bush hijo —llamado George W. Bush para distinguirlo del padre—, fracasó en varios negocios y también en sus primeras andanzas políticas. Las cosas le fueron mejor como socio de un equipo de béisbol y, más adelante, como gobernador de Texas. Ese fue su primer paso hacia la presidencia de Estados Unidos, que alcanzó a finales del año 2000. No mucho tiempo después, ordenó la invasión de Irak, terminando lo que su padre comenzara en 1990. Dicen que la historia se repite y, a veces, parece ser verdad.

MENSAJE 30

Búsqueda inicial:
[**OPUS DEI**]

Búsqueda secundaria:
[**MASONERÍA / PODER / OSCURIDAD, TINIEBLAS**]

El Opus Dei fue creado por el sacerdote español José María Escrivá de Balaguer en 1928. Desde entonces, el Opus, como se le denomina popularmente, lleva practicando su actividad pastoral, educativa y de ayuda social. De modo paralelo, el Opus Dei ha ejercido una influencia considerable en campos que en principio deberían ser ajenos a una entidad religiosa. Parece demostrada su intervención en asuntos políticos, sobre todo durante los años sesenta y setenta y en partes diversas del mundo, como en la España de Franco. También es reconocido el especial aprecio que el actual Papa, Juan Pablo II, tiene hacia el Opus Dei, que demostró proponiendo y logrando la beatificación de su fundador.

Aparte de estos hechos probados, existen también teorías, quizá no tan rigurosas, que ligan a algunos miembros del Opus Dei con ambientes elitistas, herméticos y de poder (económico, político o social) como ocurre también con figuras pertenecientes a la aún más enigmática Masonería. Según estas teorías, esas personas llevan a cabo actividades oscuras, con fines poco piadosos.

MENSAJE 31

Búsqueda inicial:
[**PUTIN**]

Búsqueda secundaria:
[○ **RUSIA** / □ **KGB** / ◇ **AÑO 1999**]

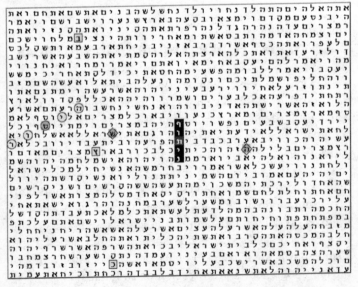

Vladimir Putin

Como es bien sabido, Vladimir Putin es el actual presidente de Rusia, el principal Estado que quedó tras la desintegración de la Unión Soviética. A pesar de los muy diversos y numerosos avatares que ha sufrido, Rusia no ha perdido completamente su estatus de potencia mundial, ya que si bien su situación económica es desastrosa, cuenta aún con una población numerosa y unos territorios de una enorme extensión, además de con un ejército quizá ya poco operativo pero nutrido y, sobre todo, con el mayor arsenal nuclear del mundo.

El ascenso de Putin al más alto puesto en el escalafón del poder siguió un camino similar al de otros líderes soviéticos que lo precedieron. Putin sucedió el 31 de diciembre de 1999 al imprevisible e inestable Boris Yeltsin, que le había nombrado su primer ministro en agosto de ese mismo año, tras pasar primero por el KGB y luego por uno de sus herederos, el Servicio Federal de Seguridad, FSB, encargado del contraespionaje civil.

MENSAJE 32

Búsqueda inicial:
[LUCIFER]

Búsqueda secundaria:
[○ **666** / □ **ISRAEL** / ◇ **HOLOCAUSTO** / ⬠ **AÑO 2007**]

Lucifer, que significa «Lucero de la mañana», es uno de los nombres que se le da a Satán, la personificación del Mal absoluto. Este mensaje, que relaciona a Lucifer (y su número, el 666), con Israel, un holocausto y el año 2007 resulta ambiguo. Una de las posibilidades es que quiera decir que en ese año se producirá algún desastre en Israel, ligado de algún modo inimaginable a Lucifer. En todo caso, el Código también habla de guerras en 2008 y otros acontecimientos más allá en el tiempo.

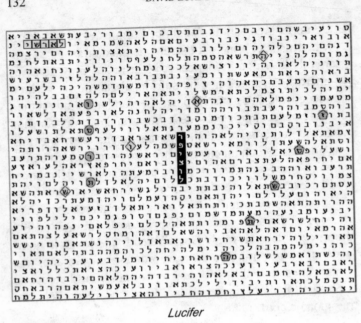

Lucifer

MENSAJE 33

Búsqueda secundaria:

Búsqueda inicial:
[BÉLMEZ]

Búsqueda secundaria:
[○ **GUERRA** / □ **ESPAÑA** / ◇ **CRIMEN** / ⌂ **HORRENDO**]

Iker Jiménez y Luis Mariano Fernández han investigado este hecho fascinante, el de la aparición de los rostros de Bélmez, a partir de 1971. Dejemos que el propio texto de su libro, publicado este mismo año, nos aclare si el mensaje de la Torá puede o no ser exacto:

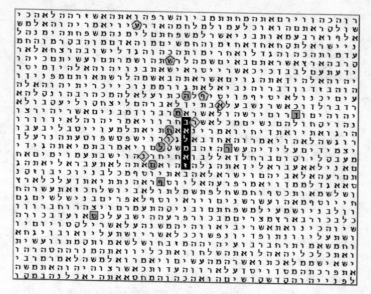

El misterio de Bélmez

Abril de 1937: el asedio al Santuario de la Cabeza de Andújar se salda con doscientos muertos; muchos son mujeres y niños. Allí desapareció una familia compuesta por un matrimonio y sus cinco hijas. Sus cuerpos reposan en un cementerio de tumbas sin nombre.

Tres décadas después, en otro pueblo de la provincia, surge un misterio que aún nadie ha logrado resolver; unas efigies atormentadas afloran en el suelo de una cocina de pastores. En los rostros, gestados por las zonas oscuras del cemento, no hay pintura ni añadidos.

MENSAJE 34

Búsqueda inicial:
1 **[NAZISMO]**
2 **[4.º REICH]**

Búsqueda secundaria:
1 [○ **RESURGIMIENTO** / □ **USA** / ◇ **AÑO 2005**]
2 [**PRIMER** / **PASO** / **USA** / **AÑO 2004**]

El nazismo fue uno de los más horrendos males que ha sufrido el mundo en toda su historia. Las ambiciones territoriales que trajo consigo y las maniáticas ideas sobre limpieza racial que formaban parte de su más íntima esencia, tuvieron consecuencias terribles, llevaron al mundo a una guerra cruenta y provocaron el asesinato despiadado de millones de inocentes. Si de los errores se aprende, como reza el dicho, del error del nazismo deberíamos haber aprendido que no puede permitirse que algo así vuelva a ocurrir, que ciertas ideologías no son admisibles. Sin embargo, hay otro dicho que afirma fundadamente que errar es humano, por lo que nunca puede descartarse que la locura homicida del nazismo, o la de otras ideologías extremas, vuelva a surgir. Tradicionalmente, los movimientos político-sociales más radicales han surgido en países donde existían grandes inestabilidades o enormes desequilibrios económicos, como en la Rusia de los zares, la Alemania humillada de la posguerra, o la Italia descontenta con el reparto de los vencedores de la Primera Guerra Mundial, entre los que ella estaba. Pero nada impide que pueda ocurrir lo mismo en naciones democráticas y con un alto nivel económico, pues, en ocasiones, los extremismos se apoyan precisamente en la democracia y en la libertad, para acabar con ambas cosas si consiguen llegar al poder. Prueba de ello es la multiplicación de movimientos radicales similares al nazismo en Francia o Alemania, y también en la nación más poderosa del mundo, Estados Unidos.

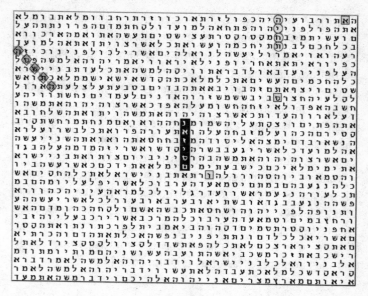

Nazismo

MENSAJE 35

Búsqueda inicial:
1 **[YAHVÉ]**
2 **[ORIGEN UNIVERSO]**

Búsqueda secundaria:
1 **[CREAR / UNIVERSO / MUNDO / VOLUNTAD / REGALO / HOMBRES / OTRAS / CRIATURAS]**
2 **[YAHVÉ / CREACIÓN / CREADOR / HOMBRE / MÁS / CRIATURA]**

La ciencia, en particular, y el conocimiento, en general, han evolucionado muchísimo con el tiempo. Lo que no hace tanto siglos se consideraba pura magia, se explica ahora de un modo completamente racional; lo que en otras épocas se consideró irrealizable, o simplemente imposible de imaginar, es hoy en día común. Este indudable avance ha permitido dejar de lado muchas teorías metafísicas y religiosas, nos ha permitido comprender mejor el mundo que nos rodea y el universo en el que nos encontramos. No obstante, quedan todavía innumerables misterios por resolver, ocultos aún a pesar de la brillante luz de nuestro conocimiento. Y quizá el más insondable de todos es el de «¿De dónde venimos?», como se han preguntado filósofos de todas las épocas, o «¿Cuál es el origen del universo?», que puede considerarse algo así como la versión científica de la pregunta anterior. Bien, he aquí una respuesta en la que cree firmemente quizá dos terceras partes de la población mundial, sea o no cierta: Dios creó el universo por su propia voluntad, como regalo para los hombres y las otras criaturas que lo pueblan.

MENSAJE 36

Búsqueda inicial:
[PRESLEY]

Búsqueda secundaria:
[○ **GRACE (en hebreo)** / □ **LAND (en hebreo)** /
◇ **AÑO 1981**]

A Elvis Presley se le ha dado el título de «Rey del rock & roll», y ciertamente fue un innovador. A la calidad de su voz le añadió lo que había aprendido de géneros de la música negra, como el gospel y el blues, algo que era casi inaudito en un cantante blanco durante los agitados años cincuenta de Estados Unidos. El caso es que la explosiva combinación cuajó, y Elvis consiguió una ingente masa de seguidores incondicionales, además de una enorme fortuna. Aun así, los últimos años de su vida fueron algo sombríos. Los pasó casi recluido en su lujoso hogar, un verdadero palacio sujeto a un continuo peregrinar de *fans*, que siguen acudiendo allí ininterrumpidamente desde la muerte de Elvis, como si se tratara de un lugar sagrado. Me refiero, claro está, a Graceland, nombre con el que aparece relacionado Presley en el mensaje.

Es curioso que el año 1981 haya salido también ligado a Elvis, porque se supone que el cantante murió en 1977. ¿Serán ciertas esas locas teorías según las cuales Elvis no murió, sino que fingió su fallecimiento y se retiró a algún lugar donde su secreto pudiera mantenerse?

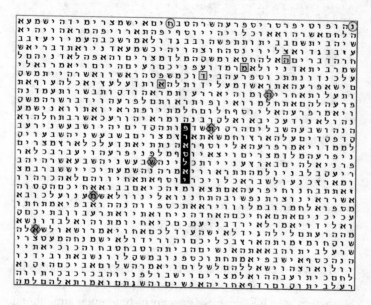

Elvis Presley

MENSAJE 37

Búsqueda inicial:
[OZONO]

Búsqueda secundaria:
[○ **CAPA** / □ **PROTECTORA** / ◇ **HOMBRES** /
⬠ **DAÑAR** / ✡ **REMEDIAR**]

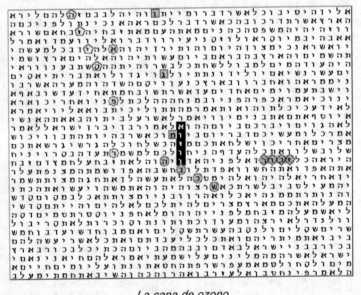

La capa de ozono

El ozono es una molécula constituida por tres átomos de oxígeno, que se forma por la interacción entre el oxígeno de la atmósfera y la luz solar. Se concentra fundamentalmente en una capa situada a una altura de entre veinte y cincuenta kilómetros, lo que resulta conveniente, porque es una sustancia extremadamente tóxica. A pesar de ello, de no existir la capa de ozono, la vida en la Tierra sería imposible, dado que ella sirve de filtro para las radiaciones solares más nocivas.

El uso indiscriminado de clorofluorocarbonos (CFC) presentes sobre todo en sustancias refrigerantes y pesticidas, o el empleo masivo de derivados del nitrógeno en fertilizantes, están amenazando esa poderosa aunque frágil capa protectora. La prueba más clara de ello es el famoso «agujero de la capa de ozono» que existe sobre la Antártida y cuya dimensión es cada vez mayor. Desde finales de los años noventa ha habido varias iniciativas que perseguían la reducción de los agentes nocivos que atacan al ozono, como los *Protocolos de Montreal* y de *Kioto*. Sin embargo, aún está por ver si se conseguirá o no remediar el daño ya hecho, y evitar males mayores.

MENSAJE 38

Búsqueda inicial:
[VERNE]

Búsqueda secundaria:
[VISIONARIO / FUTURO / HOMBRE / SABIO]

No cabe duda de que Julio Verne fue uno de los escritores más imaginativos que jamás han existido. En sus obras anticipó acontecimientos futuros como la llegada del hombre a la Luna, y en muchos casos lo hizo de un modo desconcertantemente certero. Fuera un sabio o un visionario; o, más probablemente, ambas cosas, su genio sirvió de inspiración a gran cantidad de hombres de ciencia, e hizo soñar a varias generaciones de lectores.

MENSAJE 39

Búsqueda inicial:
[JFK]

Búsqueda secundaria:
1 [○ **ASESINATO** / □ **DALAS (Dallas)** / ◇ **AÑO 1963**]
2 [**JFK** / **OSWALD** / **ASESINAR**]

Quizá por sus raíces inglesas los americanos son muy dados a ponerle motes a todos y a todo, y a referirse a muchos nombres con siglas. Así, Dwight D. Eisenhower era conocido por «Ike», y su sucesor, el presidente más famoso y carismático de la historia de Estados Unidos, John F. Kennedy, como JFK. Kennedy fue asesinado en la ciudad de Dallas, adonde había acudido como parte de su campaña electoral para la reelección. Eso ocurrió el 22 de noviembre de 1963. Desde entonces, muchos han calificado al magnicidio como un Golpe de Estado. Ha habido teorías de toda clase, e incluso se filmó una superproducción de Hollywood dirigida por el controvertido Oliver Stone. Se ha hablado de conspiraciones del ejército de Estados Unidos y de la CIA, de los servicios secretos cubanos y rusos, de los influyentes opositores a Fidel Castro exiliados en Miami. Y se han ofrecido argumentos en apariencia consistentes para estas y otras hipótesis; también para la versión oficial emitida por la *Comisión Warren*, a la que se encomendó aclarar los hechos. Me refiero a la teoría de que un simple hombre, Lee Harvey Oswald, ex marine y con oscuras relaciones varias, acabó con la vida del presidente Kennedy. ¿Algún día sabremos toda la verdad?

John F. Kennedy

MENSAJE 40

Búsqueda inicial:
[**HITLER**]

Búsqueda secundaria:
[**BÚNKER** / **EVA** / **BRAUN** / **MUERTE** / **BALAZO** /
VENENO / **AÑO 1945**]

El día 7 de mayo de 1945 el ejército alemán se rindió
incondicionalmente a los Aliados. Una semana antes, el 30
de abril, Hitler se suicidó con Eva Braun en el búnker de Berlín, el último reducto en el que se refugió junto a ella, otros
miembros del gobierno nazi y varios altos representantes del
Estado Mayor, ante el ya incontenible empuje del ejército

soviético que rodeaba Berlín. Efectivamente, como aparece en el mensaje, Hitler se aseguró de su muerte tomando primero una cápsula de cianuro (¿el veneno al que se refiere el mensaje?) y luego disparándose un tiro.

MENSAJE 41

Búsqueda inicial:
[**PACELLI**]

Búsqueda secundaria:
[**PROTEGER** / **ROMA** / **MALDAD** / **HOMBRE** / **SANTO** / **HOLOCAUSTO** / **INOCENTE**]

Eugenio Pacelli es el nombre verdadero del papa Pío XII, uno de los pontífices más discutidos del siglo XX. La razón es que le tocó vivir tiempos difíciles, pues se convirtió en Papa seis meses antes del comienzo de la Segunda Guerra Mundial, y algunas de sus decisiones fueron consideradas como mínimo erradas, y como máximo intencionadamente negativas. Es cierto que trató por todos los medios de impedir la guerra, y que criticó a los gobiernos de la Alemania nazi y de la Italia fascista, pero muchos le echan en cara no haber actuado con más contundencia; por ejemplo, exhortando a los cristianos alemanes a oponerse al régimen de Hitler. Sus defensores argumentan que el Papa tenía las manos atadas, pues el propio Vaticano fue bombardeo por la *Luftwaffe* en 1943, y que una acción como esa solo habría traído consigo el fin de la Iglesia. Justifican así que lo que hizo, o dejó de hacer, buscaba proteger Roma, y lo que esta ciudad representa, de Hitler y sus aliados.

Los detractores de Pío XII lo acusan, en cambio, de progermánico y de anticomunista convencido (esto último sí está probado). Sea cual sea la verdad, resulta difícil creer que un

Papa apoyara al gobierno nazi a sabiendas del exterminio judío (Holocausto) ordenado por Hitler. Por tanto, al menos en ese sentido debió ser inocente, si hacemos caso de este mensaje.

MENSAJE 42

Búsqueda inicial:
[LUCIANI]

Búsqueda secundaria:
[○ **ALBINO** / □ **ASESINADO** / ◇ **CRIMEN** / ⬠ **LU-CHAR** / ✡ **PODER** / ▽ **OCULTAR** / ⬡ **AÑO 1978**]

Juan Pablo I

Albino Luciani, más conocido como Juan Pablo I, fue el sucesor de Pablo VI. Su papado duró solamente poco más de un mes, del 26 de agosto al 28 de septiembre de 1978. Eso, unido a un carácter y unas opiniones personales poco comunes en un Papa (por ejemplo, estaba a favor de que la Iglesia no condenase indiscriminadamente el uso de contraceptivos), a las extrañas circunstancias que rodearon su muerte, al escándalo que poco después surgió con el Banco Ambrosiano, y a la falta de transparencia en la determinación de su muerte —el Vaticano no autorizó una autopsia—, ha llevado a muchos a sostener que la muerte de Juan Pablo I no fue natural, sino el resultado de una conspiración interna, encabezada por figuras poderosas, probablemente de dentro del propio Vaticano. Lo mismo sugiere este mensaje.

MENSAJE 43

Búsqueda inicial:
[TAROT]

Búsqueda secundaria:
[○ **SUPERSTICIÓN** / □ **FALSO**]

No se sabe con certeza cuándo ni dónde surgió el tarot, aunque se cree que fue traído a Europa desde Asia Menor, durante la Alta Edad Media. El tarot es baraja de cartas con características peculiares. Aunque se utilizaba en un simple juego, su fama le viene del hecho de que, por alguna razón, se hubiese convertido en el medio por el que supuestos videntes adivinan el destino. Nadie hasta ahora ha conseguido demostrar científicamente que eso sea posible, por lo que la cartomancia, o videncia a través de los naipes —fundamentalmente, los del tarot—, es considerada por los expertos como una mera superstición, algo falso. Esto se confirma también en el mensaje.

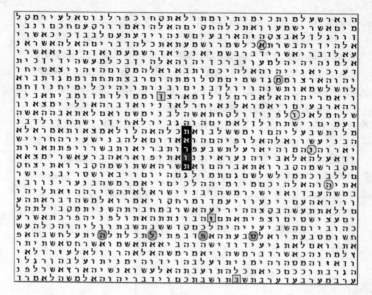

El tarot

MENSAJE 44

Búsqueda inicial:
[OVNI]

Búsqueda secundaria:
[○ **GRAN** / □ **CONTACTO** / ◇ **ESPAÑA** / ⬠ **AÑO 2004**]

Aunque por las películas pueda dar la impresión de que todos los acontecimientos extraordinarios que ocurren en el mundo tienen lugar en Estados Unidos, la realidad es que no es así. Otros países, como la propia España, han sido y son el escenario de ellos. Un ejemplo son los avistamientos u otros hechos relacionados con los mundialmente perseguidos Objetos Volantes No Identificados: los OVNIS. A las voces de particulares, que hablan de luces extrañas en el cielo moviéndose a velocidades pasmosas y ejecutando maniobras imposibles, se han sumado otras que resulta más difícil menospreciar o poner en evidencia. Me refiero a pilotos profesionales de líneas aéreas, o incluso a pilotos militares, acostumbrados a recorrer el cielo y conocedores de todo tipo de «espejismos», fenómenos atmosféricos o naturales, e ingenios artificiales (globos sonda, por ejemplo), que podrían engañar a un testigo poco o nada instruido en esos aspectos, haciéndole confundir algo perfectamente explicable con un OVNI.

Como he dicho, no es por tanto la primera vez que fenómenos OVNI ocurren en España, y es perfectamente posible que uno nuevo, uno más importante, tenga lugar en el año 2004.

OVNI

MENSAJE 45

Búsqueda inicial:
[**KUBRIK**]

Búsqueda secundaria:
[**LUNA** / **CONQUISTA** / **AUTÉNTICA** / **NASA** / **AÑO
1969**]

Aunque ya han pasado más de treinta años, la misión que
llevó a un ser humano hasta la Luna, sigue siendo el proyecto más carismático emprendido hasta ahora por la NASA.
Ese hecho tuvo consecuencias importantes, aparte de las
puramente científicas o técnicas, ya que supuso la primera
victoria de Estados Unidos frente al, hasta entonces, en apariencia invencible programa espacial ruso. Quizá porque esa
victoria fuera tan necesaria, después de que los rusos hubie-
ran conseguido poner en órbita el primer satélite artificial y
el primer cosmonauta, y porque habría supuesto una inacep-
table humillación para los Estados Unidos verse derrotados
de nuevo por su eterno enemigo, durante todo este tiempo ha
habido voces que hablaban de un fraude en la conquista de la
Luna. Según esas teorías, las imágenes que mostraban a Neil
Armstrong pisando el suelo lunar y pronunciando sus célebres palabras «Este es un pequeño paso para un hombre, pero
un gran paso para la Humanidad», no fueron más que una
elaborada escenificación. ¿Y quién podría haber dirigido tan
perfectamente un embuste de dimensiones planetarias? los
partidarios de esta teoría apuntan a Stanley Kubrick, autor,
entre otras películas memorables, de la inmortal *2001: Una
odisea del Espacio.*

Según este mensaje, no hubo ningún fraude en la conquista de la Luna, que establece como «auténtica», si bien
resulta curioso que el nombre de Kubrick (en realidad,
Kubrik) aparezca relacionado con ese hecho.

MENSAJE 46

Búsqueda inicial:
[ANGLÉS]

Búsqueda secundaria:
[○ **MUERTO** / □ **AÑO 1995**]

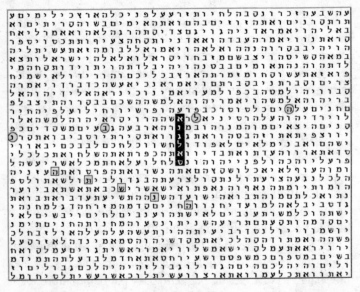

Antonio Anglés

Antonio Anglés fue el siniestro protagonista de uno de los hechos criminales que más conmoción han causado jamás en España. Me refiero, claro está, a los asesinatos de «Las niñas de Alcasser», que nunca quedaron totalmente aclarados, a pesar de los enormes esfuerzos hechos por la policía y por una fundación privada dirigida por el padre de una de las jóvenes asesinadas. Poco más pudo sacarse en claro que el hecho de que Antonio Anglés fuera el asesino material, o al menos uno de ellos. Anglés consiguió huir, lo que resulta como mínimo sorprendente teniendo en cuenta los medios movilizados para su captura; y de él no volvió a saberse nada con seguridad. Sin embargo, hubo rumores no confirmados que hablan de su viaje, como polizón, desde Lisboa hasta Irlanda, y de que murió ahogado en las aguas del Atlántico cuando trataba de llegar a tierra. Según este mensaje, esos rumores no serían ciertos, pues tales hechos son anteriores al año 1995, en el que el mensaje indica que Anglés murió.

MENSAJE 47

Búsqueda inicial:
[HIROSHIMA]

Búsqueda secundaria:
[○ **LITTLE (LITLE)** / □ **BOY** / ◇ **AÑO 1945**]

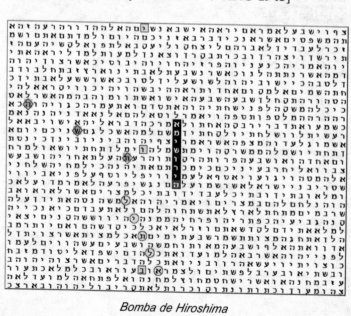

Bomba de Hiroshima

El 6 de agosto de 1945 tuvo lugar un acontecimiento crí-
tico de la Historia, cuando un bombardero *B-29*, de nombre
Enola Gay, lanzó la primera bomba atómica. Lo hizo sobre
la ciudad japonesa de Hiroshima, arrasando por completo
buena parte de ella, y matando a más de cien mil personas
—a las que sumarían otras muchas durante los decenios
siguientes— por causa de la radiación. La bomba nuclear
también tenía nombre, uno cuya inocencia contrastaba mor-
dazmente con el destino de su dueño: *Little Boy* (muchachito).

Tres días después fue lanzado un nuevo artefacto nuclear,
esta vez sobre la ciudad de Nagasaki. Curiosamente, este nombre no aparece en el programa, a diferencia del anterior.

MENSAJE 48

Búsqueda inicial:
[GERNIKA]

Búsqueda secundaria:
[○ **CRIMEN** / □ **GUERRA** / ◇ **ESPAÑA**]

La población de Gernika (o Guernica) está situada en la
provincia de Vizcaya, muy cerca del mar Cantábrico. Tiene
algunas industrias, aunque no demasiado grandes, y por casi
todo lo demás sería una pequeña ciudad vasca sin una importancia especial. Eso, si no hubiera sido el objeto de un devas-
tador bombardeo por parte de las tropas alemanas que lucha-
ron junto al ejército de Franco durante la Guerra Civil
Española. Tal hecho criminal, pues difícilmente Guernica podrá considerarse un objetivo militar, inspiró uno de los cuadros más conocidos y representativos del arte de Picasso,
bautizado, como todo el mundo sabe, con el nombre de esa
localidad.

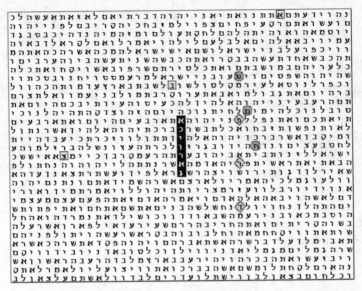

Destrucción de Gernika

MENSAJE 49

Búsqueda inicial:
[LENNON]

Búsqueda secundaria:
[○ **NEW** / □ **YORK** / ◇ **ASESINADO** / ⬠ **MUCHA-
CHO** / ✡ **HOMBRE** / ▽ **LOCO** / ◐ **AÑO 1980**]

En un concurso para determinar el grupo musical más
famoso de todos los tiempos, probablemente ganarían los
Beatles. Su forma de tocar, su propio aspecto, sus letras
pegadizas, encandilaron al público del mundo entero, e hicieron inmensamente ricos y famosos a los miembros de la
banda. De ellos, el que alcanzó más fama, junto a Paul
McCartney, fue John Lennon. No sorprende demasiado que
ello se deba menos a su genio musical que al hecho de con-

vertirse en algo así como un símbolo del pacifismo mundial. Y eso en una época convulsa, con la Guerra de Vietnam de por medio. Entre sus gestos pacifistas cabe destacar la semana que pasó junto a su mujer, Yoko Ono, en la cama de dos hoteles, o la composición de canciones como *Give Peace a Chance* e *Imagine*.

Para desolación de sus adeptos, la vida de John Lennon terminó bruscamente en 1980, cuando fue asesinado en Nueva York por un lunático de nombre Mark Chapman.

En el mensaje, que relaciona a Lennon con el lugar y el año de su asesinato, no aparece este nombre, pero sí se encuentra en cambio los términos «muchacho» y «hombre», lo que es significativo, porque esa es una traducción posible de Chapman.

John Lennon

MENSAJE 50

Búsqueda inicial:
[TOLKIEN]

Búsqueda secundaria:
[○ **SEÑOR** / □ **ANILLO** / ◇ **AÑO 1949**]

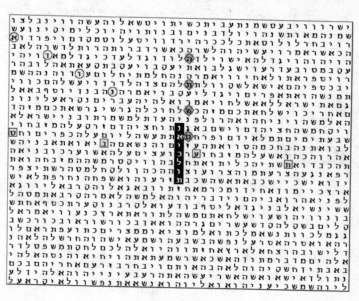

J. R. R. Tolkien

John Ronald Reuel Tolkien nació en Sudáfrica a finales del siglo XIX. Filólogo de formación y especialista en literatura medieval, el excéntrico Tolkien impartió clases en la prestigiosa universidad de Oxford. La serie de libros que comenzó con *El Hobbit* y que continuó con *El señor de los anillos* es una de las más leídas y que más adeptos cosechó durante el pasado siglo. La mezcla de fantasía, magia, intrigas, poder, que Tolkien retrata en un mundo de aire medieval llamado la *Tierra Media*, cautivó desde el principio a lectores de todo el mundo. Y las superproducciones que Hollywood ha creado a partir de esas obras no han hecho sino aumentar el interés por ellas, haciendo rememorar las aventuras de sus personajes a quienes ya habían leído los libros, y llevando la *Tierra Media* a los que no estaban familiarizados con Tolkien.

El año 1949, que aparece en el mensaje, es significativo, porque se admite que fue en ese año cuando Tolkien acabó de escribir *El Señor de los Anillos*, aunque el primer tomo de la saga no se publicó hasta 1954.

MENSAJE 51

Búsqueda inicial:
[TITANIC]

Búsqueda secundaria:
[○ **HUNDIDO** / □ **MAR** / ◇ **MONTAÑA** / ⬠ **HIELO** / ✡ **AÑO 1912**]

El *Titanic* es uno de los barcos más famosos de toda la Historia. Era la embarcación más lujosa de su época. En su construcción, se cuidó hasta el último detalle. La White Star Line, su propietaria, lo calificó con orgullo (y soberbia) de insumergible, pues el *Titanic* incluía todas las innovaciones técnicas, además de tener el casco dividido en compartimentos estancos que podrían aislarse unos de otros, impidiendo que ocurriera lo que finalmente acabó por ocurrir: la inundación de todo el casco y el posterior e inevitable hundimiento del barco.

Los fatídicos hechos se dieron no muy lejos de Terranova, en una fría noche de mediados de abril de 1912. El *Titanic* había llegado hasta allí como parte de su viaje inaugural, de Liverpool a Nueva York. Dentro, los representantes más destacados de la alta sociedad, disfrutaban del lujo y la comodidad del buque, ajenos a que un gran iceberg (una montaña de hielo en el mar) se cruzaría en el camino de este, provocando una terrible catástrofe, y acabando, directa o indirectamente, con la vida de más de dos tercios de los tripulantes.

La investigación de lo ocurrido reveló importantes fallos humanos y de diseño del barco, que fueron determinantes para hacer del hundimiento del barco una tragedia aún mayor: ciertos errores en las decisiones de responsables del barco, la excesiva rigidez del acero empleado en el casco, la falta de plazas en los botes salvavidas para más de la mitad del pasaje, etc. Muchos de ellos, quedan patentes en la película *Titanic*, de James Cameron, que retrata magistralmente los últimos momentos del célebre barco de lujo y de buena parte de sus infaustos pasajeros.

Titanic

MENSAJE 52

Búsqueda inicial:
[**STALIN**]

Búsqueda secundaria:
[**SUCESIÓN** / **LENIN** / **CRIMINAL**]

No mucho antes de la revolución soviética, Yosif Visario-
novich Dzhugachvili se puso a sí mismo el apelativo de Stalin, que significa acero. Quizá, porque tuvo ya entonces una
visión de su futuro, en el que gobernaría con una implacable
y cruenta mano de hierro (de acero) los destinos de millones
de ciudadanos soviéticos, a quienes deportó; recluyó en temibles campos de trabajos forzados —del tristemente famoso
Gulag— durante muchos años y sin juicio previo; o simplemente mandó exterminar. Stalin fue un monstruo a la altura
de Hitler, un auténtico criminal que sucedió a Lenin, en parte
porque este quiso que él fuera su heredero y, en parte, porque
Stalin se encargó de eliminar a todos su competidores, principalmente a Trotski, que no pudo librarse de la muerte a
pesar de haberse refugiado en México. Allí, un comunista
español, Ramón Mercador, le clavó un piolet en la cabeza por
orden de Stalin y mediante la intervención de los servicios
secretos soviéticos, conocidos entonces por NKVD.

MENSAJE 53

Búsqueda inicial:
[**ISLAM**]

Búsqueda secundaria:
[○ **MAHOMA** / □ **CORÁN** / ◇ **VOZ** / ⬠ **ALÁ**]

Islam

El Islam es una de las religiones monoteístas más importantes del mundo. Surgió en el siglo VII de nuestra Era de la mano de Mahoma, considerado por los musulmanes como el profeta o enviado de Alá. El libro sagrado del Islam, el equivalente a la Biblia de los cristianos, es el Corán, que en esa religión se considera la palabra (la voz) de Alá. Como se puede ver, varios de estos términos se muestran ligados en el mensaje.

MENSAJE 54

Búsqueda inicial:
[**BUDA**]

Búsqueda secundaria:
[**MAESTRO** / **SABIDURÍA**]

Sidharta Gautama, llamado Buda (el Iluminado), nació en la región en que el Nepal y la India se unen, y en el siglo VII antes de Cristo, según se cree. Algunos afirman que nunca existió un hombre llamado Sidharta Gautama, sino que su vida y enseñanzas resultan de la suma de varios maestros de sabiduría. En cualquier caso, Buda es para muchos una encarnación perfecta de la sabiduría oriental, tan distinta de la occidental; un maestro que dio a la humanidad una buena parte de sus mejores pensamientos, los cuales llegan hasta hoy y gozan de renovada popularidad en nuestro mundo.

MENSAJE 55

Búsqueda inicial:
[NEW YORK]

Búsqueda secundaria:
[○ **ARABIA** / □ **LADEN** / ◇ **ATTA** / ◯ **11S** / ✧ **TWIN** / ▽ **WTC**]

De la enorme cantidad de mensajes que he probado, pocos me han sorprendido tanto como este. En él, aparecen certeramente relacionados Bin Laden y Mohammed Atta, los dos principales artífices de los terribles atentados que el día 11 de septiembre (11S) tuvieron como consecuencia la destrucción del mayor orgullo de la ciudad de Nueva York, sus Torres Gemelas, las Twin Towers del World Trade Center (WTC). Ligada a todo ello, aparece también la palabra Arabia. La interpretación de ello es más difícil, podría significar simplemente que ese es el país de origen de Bin Laden (Atta era egipcio), o quizá que esa nación intervino de algún modo en los atentados. No quiero insinuar con esto que el gobierno de Arabia Saudí haya estado implicado en ellos, por supuesto, sino que algún grupo de poder o alguna facción dentro de Arabia sí haya intervenido en los atentados. Esto no resultaría inaudito, pues las agencias de inteligencia americanas ya han informado, públicamente y en varias ocasiones, que dentro de Arabia, supuesto aliado de Estados Unidos, existe una enorme oposición activa a este país.

Ataque a Nueva York

MENSAJE 56

Búsqueda inicial:
[**TERRORISMO**]

Búsqueda secundaria:
[**DOLOR** / **MUCHO** / **CRIMEN** / **CONTRA** / **DIOS**]

El terrorismo es una plaga de los tiempos modernos. Por buena parte del mundo se producen acciones sangrientas de grupos armados, que pretenden justificarlas con ideologías y supuestas razones de peso. Nosotros mismos sufrimos, desde hace más de cuarenta años, el azote del terrorismo; padecemos, como muchos otros, el inmenso dolor que arrastra consigo. El terrorismo es siempre execrable, un crimen contra la Humanidad —y contra Dios también, para quien sea creyente— que debe ser erradicado a toda costa.

MENSAJE 57

Búsqueda inicial:
[HUSEIN]

Búsqueda secundaria:
[○ **IRAQ** / □ **TIRANO** / ◇ **CRIMINAL**]

A lo largo de casi veinticinco años, hasta ser derrocado por una fuerza combinada de los ejércitos británico y estadounidense, Sadam Husein (Hussein o Husayn) ejerció un poder tiránico y absoluto en Iraq. Su mandato estuvo plagado de crímenes, arbitrariedades y abusos de todo tipo. E incluyó una guerra, la irano-iraquí, que duró casi diez años, y en la que todo pareció valer: ejecuciones sumarias de prisioneros, uso de armas químicas y bacteriológicas, ataques sangrientos e indiscriminados sobre poblaciones civiles y sobre minorías religiosas o étnicas...

Sadam, el cruento dictador, consiguió escapar de algún modo al cerco de Bagdad, aunque felizmente ha sido capturado.

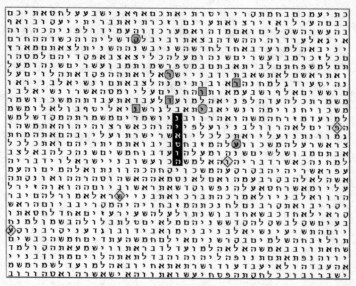

Sadam Hussein

MENSAJE 58

Búsqueda inicial:
1 **[ESPAÑA]**
2 **[EUSKADI]**

Búsqueda secundaria:
1 [○ **UNIDAD** / □ **RUPTURA**]
2 **[CAMINAR / SOLO / AÑO 2010]**

Por razones evidentes, el más claro peligro que existe en la actualidad para el mantenimiento de la unidad de España son las ansias independentistas de una parte del pueblo vasco. Por lo que parece, solo eso podría causar una ruptura nacional. Por tanto, en principio sería de esperar que la predicción del segundo mensaje de que Euskadi caminará solo a partir del año 2010, debería tener una correspondencia con la ruptura de la unidad de España, planteada en el primer mensaje. En otras palabras, en principio habría sido lógico que el año 2010 apareciera también asociado al primer mensaje. Pero el caso es que no es así. Una de las posibles explicaciones de ello es que ese «caminar solo» del País Vasco no se refiera a algo tan radical como la separación completa y definitiva del resto de España, sino quizá a la obtención de un autonomía y unos privilegios mayores de los que ya tiene.

Unidad de España

MENSAJE 59

Búsqueda inicial:
[**FRANCO**]

Búsqueda secundaria:
[**ESPAÑA** / **DICTADOR** / **MILITAR**]

No hace falta ninguna presentación para Francisco Franco, que dirigió España dictatorialmente durante un largo periodo, desde el final de la Guerra Civil Española hasta su muerte en 1975. Antes, había tomado también las riendas de la sublevación militar que llevaría a esa guerra y la caída de la República, sustituyendo al general del Ejército del Aire José Sanjurjo, que inicialmente iba a desempeñar ese papel y que murió en un accidente antes de poder hacerlo.

MENSAJE 60

Búsqueda inicial:
[MOISÉS]

Búsqueda secundaria:
[○ **TORÁ** / □ **PALABRA DIOS** / ◇ **LUZ** / ⬠ **VERDAD**]

Según el Antiguo Testamento, Moisés nació en Egipto, donde fue adoptado y criado como un príncipe por una hija del faraón. Ciertos hechos, consecuencia de su recto sentido de la justicia, le llevaron al exilio, del que solamente regresó a la edad de ochenta años, después de que Yahvé se le apareciera en forma de zarza ardiente y le encomendara la liberación del pueblo judío. Esta trajo consigo las célebres plagas de Egipto y la destrucción del ejército del faraón en las aguas del Mar Rojo, además de un peregrinaje que duró cuarenta años, hasta que finalmente el pueblo de Israel llegó a la Tierra Prometida.

Moisés es conocido sobre todo por estos hechos, y por haber recibido las Tablas de la Ley, aunque se le atribuye también la autoría de los cinco primeros libros del Antiguo Testamento, que conforman el Pentateuco o Torá de los judíos, la ley escrita de la Palabra de Dios.

Moisés

MENSAJE 61

Búsqueda inicial:
[JESÚS]

Búsqueda secundaria:
[DIOS]

No hace falta ningún comentario especial sobre este mensaje. Las dos palabras, escritas en español, aparecen perfectamente unidas. Es algo muy curioso.

[Este mensaje ha sido enviado por Mariano Belmonte.]

MENSAJE 62

Búsqueda inicial:

Búsqueda secundaria:
1 [**ESPAÑA / AÑO 1981**]
2 [○ **GOLPE DE ESTADO** / □ **TEJERO**]

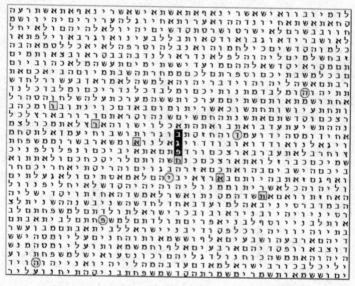

23-F

El 23 de febrero de 1981 se produjo el más claro atentado contra la democracia española que ha habido desde la Transición hasta nuestros días: el golpe de Estado, cuya figura más emblemática, por decirlo de algún modo, fue el teniente coronel Antonio Tejero. Este tomó el Congreso de los diputados junto con un grupo no demasiado nutrido de otros guardias civiles, mientras allí se desarrollaba el acto de investidura de Leopoldo Calvo Sotelo. A este acontecimien-

to, que muchos recordarán y que yo mismo recuerdo aunque
era poco más que un niño, se unieron otros, como un principio de ocupación de la ciudad de Valencia, y la toma del
complejo de Radio Televisión Española de Prado del Rey.
Afortunadamente, estos y otros movimientos fueron aborta-
dos, haciendo posible que la democracia continuara viva en
España.

MENSAJE 63

Búsqueda inicial:
[MÉXICO]

Búsqueda secundaria:
1 [PELIGRO/ DICTADOR / AÑO 2010]
2 [○ PUEBLO / □ MAYA / ◇ CONTINENTE /
⬠ PERDIDO]

México

Desde tiempos muy antiguos, parte o la totalidad del territorio que ocupan los Estados Unidos de México fue habitado por pueblos variopintos, algunos de los cuales llegaron a crear enormes imperios de un gran poder e incontables riquezas. Así, están los olmecas, los mayas, los toltecas, los aztecas y, a principios del siglo XVI, los españoles, encabezados por Francisco Hernández de Córdoba.

Siempre hubo enfrentamientos y guerras en México. Y siempre existieron grandes disputas entre pueblos o facciones para hacerse con el poder. Durante la etapa de dominio español, esas luchas internas se vieron reducidas, por el férreo control del gobierno, pero volvieron a acentuarse tras la independencia de México en 1821. Entonces, grupos que buscaban el poder y que tenían visiones antagónicas comenzaron una violenta disputa, que finalizó con el general Santa Anna como presidente del país y con una guerra contra Estados Unidos, por motivos territoriales e ideológicos. La derrota de México en la guerra, y el caos en que esta sumió al país, hicieron caer a Santa Anna, pero el general recuperó el poder y se convirtió en dictador. A él, le siguieron otros, como Porfirio Díaz, entre convulsas fases donde se alternaron la democracia y hasta una monarquía restaurada —aunque no de origen español—. Por fin, México empezó a gozar de estabilidad política, sobre todo después de la Segunda Guerra Mundial, y empezó también a desarrollarse económicamente. A esto último contribuiría en gran medida el Tratado de Libre Comercio de América del Norte, que buscaba convertir México, Estados Unidos y Canadá en un solo mercado.

No obstante, el peligro de nuevas agitaciones políticas en el país no está, en absoluto, descartado. A la inestabilidad en ese campo contribuyen las enormes desigualdades socioeconómicas, que están en el origen de la revuelta indígena conocida como «Revuelta Zapatista». Por eso, no es impensable que otra convulsión en el seno del poder traiga consigo un nuevo dictador, y eso quizá podría ocurrir en el año 2010.

Los mayas crearon una esplendorosa civilización que ocupaba parte del actual México y de otros países colindantes (básicamente, la península del Yucatán). Se cree que esta cultura se originó hacia mediados del segundo milenio antes de Cristo y que tuvo su fin, abruptamente, en torno a los siglos noveno o décimo de nuestra Era. Durante muchos años, la repentina desaparición del pueblo maya fue un completo misterio. La última teoría al respecto apunta a una sequía de una magnitud excepcionalmente grande como la causa de aquella. Según esta teoría, una falta de lluvias casi completa, acabó con todas las cosechas y las reservas de agua, provocando la muerte de quizá un millón de personas. Se trata de una teoría científica, elaborada a partir de la relación, poco habitual pero con sentido y rigurosa, de registros históricos —de los propios mayas y de los españoles, principalmente—, y de registros climáticos de países del norte de Europa.

Pues bien, de acuerdo con el segundo mensaje, no solo el final de los mayas estaría envuelto en el misterio, sino también su origen. Desde luego, no es la primera vez que estudiosos e investigadores consideran que, de haber existido realmente la Atlántida, el Continente Perdido, pudo haberse localizado en algún territorio de América. Y, además, existe una coincidencia temporal entre la destrucción de la Atlántida y el comienzo de la civilización maya. ¿Estaría en la península del Yucatán la hundida Atlántida? ¿Serían los primeros mayas atlantes supervivientes del cataclismo? En caso afirmativo, sería una cruel broma del Destino el hecho de que ambas civilizaciones, la atlante y la maya, acabaran súbita y totalmente destruidas por dos desastres naturales: un maremoto y una terrible sequía.

MENSAJE 64

Búsqueda inicial:
[**JUÁREZ**]

Búsqueda secundaria:
[**INDÍGENA** / **LIBERTAD** / **PUEBLO**]

Benito Juárez, de origen indígena e hijo de campesinos, es una de las figuras más relevantes de la política mexicana de todos los tiempos. Ocupó el cargo de presidente en varias ocasiones, y durante buena parte de su vida tuvo que hacer frente a guerras, tanto contra grupos de poder conservadores internos como contra potencias europeas y a levantamientos diversos. En todos estos conflictos Juárez se mantuvo firme en su política liberal y orientada a los más desfavorecidos. Y estuvo luchando hasta final, pues murió en 1872, en plena «guerra» contra Porfirio Díaz, que, como ya he dicho en un punto anterior, acabó convirtiéndose en dictador, algo que quizá se habría evitado si Juárez hubiera seguido vivo.

MENSAJE 65

Búsqueda inicial:
[**ARGENTINA (Plateada en hebreo)**]

Búsqueda secundaria:
1 [○ **GUERRA** / □ **CONTRA** / ◇ **INGLÉS** / ⌂ **AÑO 1982**]
2 [**SAN** / **MARTÍN** / **LIBERTAD** / **PUEBLO**]
3 [**GRAVE** / **CRISIS** / **AÑOS 2001-2002**]

Argentina

La palabra «Argentina» no aparece como tal en el código, pero sí el término «plateada», que es, por decirlo de algún
modo, una traducción de ella (el nombre Argentina proviene
del latín *argentum*, es decir, plata). Esto, en principio podría
dar la impresión de ser artificioso, pero resulta significativo
que con «plateado» aparezcan asociados términos que hacen
referencia a una guerra contra los ingleses en 1982. En abril
de ese año, Argentina entró inesperadamente en guerra contra Inglaterra por causa de las Islas Malvinas (*Falkland
Islands* según los británicos), un archipiélago de pequeñas
islas sin demasiado valor económico o estratégico, pero que
supone una espina del colonialismo clavada en el sentimien-
to nacional de los argentinos. La guerra acabó con la victoria
de los ingleses y las islas volvieron al dominio británico.

Argentina, en el segundo mensaje, se muestra ligada con
San Martín, libertad y pueblo. Inevitablemente, esta asociación hace pensar en el general José de San Martín, nacido en

la Argentina bajo dominio español e hijo de una familia de clase alta. Curiosamente, San Martín recibió su formación militar en España, donde ganó una preciosa experiencia de batalla en luchas contra franceses, portugueses y otros enemigos de ese país, que luego utilizaría hábilmente para conseguir la independencia y la liberación del pueblo americano respecto de España. A lo largo de varios años, San Martín combatió en numerosas batallas, no solo en Argentina, sino también en Chile y en Perú, y tomó contacto con otro gran artífice de la independencia de las colonias españolas de esa zona del mundo, otro «libertador»: Simón Bolívar.

Potencialmente, Argentina es uno de los países más ricos del mundo, gracias a su extensión considerable, a la gran cantidad de recursos naturales que posee y al alto grado de formación de los argentinos. A finales de los años ochenta y principios de los noventa, Argentina parecía tener un alto nivel de vida y la economía daba la impresión de ir por el buen camino. Pero todo eso no era más que un espejismo, un gran globo relleno de aire que inevitablemente acabaría por explotar. Eso fue lo que ocurrió en diciembre del año 2001. Entonces, quedó al descubierto la verdadera situación económica del país: la fuga masiva de capitales (estimada, solo durante los años noventa, en casi ciento cincuenta mil millones de euros), las nefastas consecuencias de los despilfarros y el tráfico de influencias de muchos miembros de la administración y de políticos de todas las ideologías, la «venta» del país a las multinacionales extranjeras, las enormes y crecientes desigualdades socioeconómicas entre las clases más altas y las más desfavorecidas, y el rápido empobrecimiento y progresiva desaparición de la clase media.

La crisis que golpeó a Argentina fue de una magnitud sin precedentes. El país se declaró en quiebra, y la población se alzó, justamente enfurecida, al ver los ahorros de toda su vida devaluados y congelados en los bancos, de modo que sus legítimos dueños no pudieran recuperarlos. La inflación subió a límites astronómicos, los sueldos cayeron en picado y el paro se multiplicó. Todo esto llevó en muy poco tiempo a que más de la mitad de la población argentina cayera bajo el umbral de la pobreza, mientras algún presidente, de los muchos que se sucedieron en un intervalo corto de tiempo, elegido con la esperanza de rescatar al país, se subía aún más el sueldo, en un gesto tan incomprensible como indignante. Lo peor de la crisis continuó durante el año 2002 y, aunque la situación está algo mejor al día de hoy, su final aún se ve lejos. Esperemos que el futuro le depare tiempos mejores a Argentina y a los argentinos.

MENSAJE 66

Búsqueda inicial:
[11S]

Búsqueda secundaria:
[○ **CHILE** / □ **ALLENDE**]

Salvador Allende es un nombre muy conocido de la política internacional. Tras ganar las elecciones presidenciales celebradas en Chile en septiembre de 1970, Allende se convirtió en presidente del país. Su política de nacionalización de industrias y empresas de sectores estratégicos, entre las que se incluían poderosas multinacionales de Estados Unidos, provocó el descontento de la clase más pudiente del país, y despertó las iras de los americanos. Tampoco pareció satisfacer las exigencias del sector más radical de la izquierda chilena, por lo que también allí encontró una tenaz oposición. Por estas y otras razones, poco más de tres años después de ganar las elecciones, curiosamente el día 11 de septiembre (de 1973), se produjo un golpe de Estado, dirigido por el general Augusto Pinochet y apoyado por los servicios secretos de Estados Unidos. Según la versión oficial,

Allende se quitó la vida mientras tropas de elite del ejército tomaban el palacio presidencial, al darse cuenta de que el Golpe había triunfado.

El 11-S chileno

MENSAJE 67

Búsqueda inicial:
[VIRGEN]

Búsqueda secundaria:
[○ **MADRE** / □ **JESÚS** / ◇ **DIOS**]

Conforme a la tradición cristiana, solo ha habido una mujer en la Historia que fue concebida sin la mancha del Pecado Original. Se trata, claro está, de la Virgen María, la madre de Jesús, Hijo de Dios, y Dios en sí mismo, de acuerdo al misterio de la Santísima Trinidad.

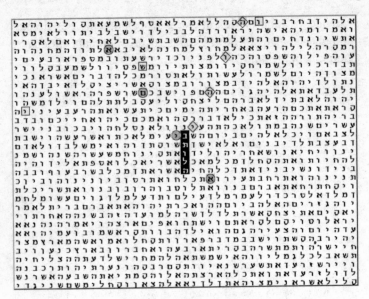

Virgen

MENSAJE 68

Búsqueda inicial:

[NEGRO PRADO]

Búsqueda secundaria:

[○ GOBERNAR / □ USA / ◇ AÑO 2010]

Muy probablemente se estará preguntando qué es eso de «Negro Prado». Pues bien, se trata de la traducción del apellido Schwarzenegger. ¡En efecto! El musculoso actor que ha pasado de eliminar enemigos a diestro y siniestro en la gran pantalla a derrotar adversarios políticos bien reales. Desde luego, su primer paso en la política ha sido sorprendente. Se ha convertido en el gobernador del más rico y poblado Estado de Estados Unidos y el que, por ello, contribuye en mayor medida a la elección del presidente de ese país. ¿Es impensable, por tanto, que este actor de origen austriaco acabe convirtiéndose en el hombre más poderoso del mundo? Bueno, sabemos que el hecho de ser actor no es un impedimento, pues Ronald Reagan lo fue antes de convertirse en presidente (y también después, en cierto sentido), pero sí lo es el hecho de que Schwarzenegger no haya nacido en Estados Unidos. Según la Constitución de este país, para ser presidente es imprescindible no solo tener la nacionalidad americana, sino haber nacido en tierra americana. No obstante, en Estados Unidos es posible modificar la Constitución, por medio de las famosas enmiendas. ¿Será que una de ellas permitirá convertirse en presidente de Estados Unidos, en el 2010, al actor que interpretó el papel de *Terminator*, como se profetizó jocosamente en la película *Demolition Man*?

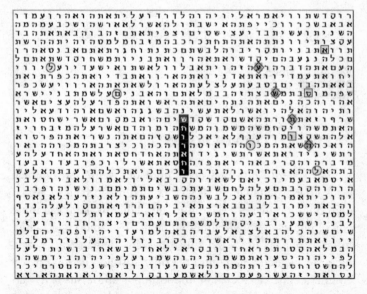

Arnold Schwarzenegger

MENSAJE 69

Búsqueda inicial:
[**COLÓN**]

Búsqueda secundaria:
[**DESCUBRIR** / **NUEVA** / **TIERRA** / **OCCIDENTE** / **AÑO 1492**]

A lo largo del tiempo ha habido ciertas polémicas relacionadas con Cristóbal Colón. Por ejemplo, no estaba claro si era español, genovés o de otra nacionalidad; tampoco, si descubrió América por casualidad o si, en cambio, sabía perfectamente lo que estaba haciendo. Pero lo que nadie discute es que Colón descubrió oficialmente esa nueva tierra, el nuevo continente situado al otro lado del Atlántico, y que eso ocurrió el 12 de octubre del año 1492.

MENSAJE 70

Búsqueda inicial:
[**LENIN**]

Búsqueda secundaria:
[○ **RUSIA** / □ **REVOLUCIÓN**]

De acuerdo con una costumbre que seguirían también otros líderes de la Unión Soviética, Lenin no usaba su verdadero nombre, que era Vladimir Ilich Ulianov, sino ese mote con el que es conocido mundialmente. Es sabido que Lenin, influido por las ideas del filósofo judío alemán Karl Marx, luchó fervientemente contra el poder absoluto de los zares y contra la clase de sociedad impuesta por ellos. Sus actividades revolucionarias lo llevaron a la cárcel, pero acabó por escapar de Rusia y pudo continuar con sus actividades políticas desde el extranjero.

La Primera Guerra Mundial debilitó el poder del zar de Rusia y de su ejército, lo que facilitó que una masa de revolucionarios, pertenecientes a la clase trabajadora, derrocara al gobierno y constituyera la Unión de Repúblicas Socialistas Soviéticas. A esa revuelta, ocurrida a principios de 1917, le siguió otra, en octubre, organizada ya por Lenin, que se hizo con el poder absoluto e inició la llamada «dictadura del proletariado».

Lenin

MENSAJE 71

Búsqueda inicial:
[ALONSO]

Búsqueda secundaria:
[○ **CAMPEÓN** / □ **F1** / ◇ **AÑO 2005** / ✡ **LAREN**]

El asturiano Fernando Alonso apunta al estrellato del automovilismo mundial. Si atendemos a lo que dicen los expertos, ningún piloto en la historia de la Fórmula 1 ha sido tan precoz como él, ni ha conseguido siendo tan joven los logros que descansan ya en su vitrina de trofeos. En realidad, el Código nos muestra tres mensajes similares, cada uno asociado a un año distinto. En 2004, Alonso podría ser campeón de la F1; en 2005 se relaciona con Laren, que es la partícula

Fernando Alonso

principal del nombre de la laureada escudería fundada en los años 60 por Bruce McLaren; y el 2006, que vuelve a indicar sencillamente la victoria en la competición. Ojalá que la Torá acierte en esto, pero hay que ser cautos y pensar que la palabra «campeón» puede tener significados varios, y no solo indicar el triunfo final de nuestro ya gran piloto.

MENSAJE 72

Búsqueda inicial:
[**IKER**]

Búsqueda secundaria:
[**MILENIO3 / GRAN / ÉXITO**]

Iker Jiménez, presentador y director del programa *Milenio 3* de la cadena SER, fue objeto él mismo de las preguntas de los oyentes, de las preguntas que deseaban hacer al Código B. En este mensaje, Iker se cruza con *Milenio 3* y se le augura algo que ya tiene: gran éxito. Que siga así...

Comentarios sobre otros mensajes

En la ardua y nutrida búsqueda de mensajes que he realizado, ha habido casos en que no han aparecido los términos que buscaba. Ignoro el significado que eso pueda tener, y aunque podría elaborar una hipótesis al respecto, prefiero dejar que, en esta ocasión, sea usted el que imagine ese posible significado.

Entre los términos no encontrados que considero más relevantes, están:

—Fiebre asiática.

—Augusto Pinochet.

—Chernobil.

—Gibraltar.

—Santa Copa o Copa Sagrada (Grial).

—Nostradamus, en ninguna de sus diversas variantes (Nostradame, Nostredame, Notredame, etc.).

—Sábana Santa o Lienzo Sagrado.

Por otro lado, también he hecho búsquedas de varios políticos españoles, y si bien algunos aparecen en muchas ocasiones, otros, en cambio, casi no salen, o no aparecen en absoluto. Este último caso es, por ejemplo, el de Ibarretxe o Ibarreche, y Arzalluz o Arzallus, y también el de Llamazares, Carrillo y González. De entre los que he buscado y sí han salido, el que más veces aparece es Bono, que alcanzó el límite del programa, al ser descubierto nada menos que en diez mil ocasiones. Le siguen, Pujol (más de mil veces), Fraga (por encima de trescientas) y Guerra (ochenta y dos).

Un experimento: 1984

Además de todos estos mensajes que se han ido desgranando hasta aquí, un oyente de *Milenio 3* preguntó por una fecha concreta: 1984. Este año, de connotaciones *orwellianas*, nos sirve para hacer un pequeño experimento. Tomaremos las efemérides de 1984 y trataremos de localizar coincidencias:

1984 (5744 calendario judío) / TUTU (Desmon) / NOBEL

El obispo surafricano, anglicano y de color, Desmond Tutu, obtuvo el premio Nobel de la Paz en 1984 por su lucha contra el *apartheid*.

1984 (5744 calendario judío) / MUERTE / CAPOTE (Truman)

También en 1984 se produjo el fallecimiento del escritor norteamericano Truman Capote, autor, entre otras importantes obras, de *A sangre fría*.

1984 (5744 calendario judío) / JUEGO / DEPORTE / USA

En este mensaje se relacionan con 1984 tres vocablos que indican la celebración de la Olimpiada de Los Ángeles de ese año (ya que hubo otra en 1932 en la misma ciudad).

1984 (5744 calendario judío) / PRIMERA / MUJER / ESPACIO

En julio de 1984, la cosmonauta soviética Svetlana Savitskaya se convierte en la primera mujer que realiza un «paseo» espacial, y también en la primera fémina en realizar dos vuelos al espacio.

1984 (5744 calendario judío) / ASALTO / TEMPLO / SIJ

Los insurgentes de la comunidad religiosa sij fueron severamente reprimidos en el Punjab (India) en 1984, por orden de la primera ministra de entonces, Indira Gandhi, que ordenó el asalto al Templo Dorado de Amritsar. Poco después, Indira Gandhi caería asesinada por varios de sus guardias personales, de origen sij. Curiosamente, este último suceso no aparece codificado en la Torá.

Espero que este capítulo le invite a la reflexión. Si usted fue una de las muchas personas que enviaron mensajes a *Milenio 3*, o coincide en el interés mostrado hacia estos asuntos, confío también en que algo de luz haya sido arrojada sobre sus interrogantes.

Hay que decir que este método de estudio no es una ciencia exacta, sino aproximativa. Muchas cosas no aparecen en la Torá o, apareciendo, no reflejan mensajes de interés. Por eso debemos ser cautos y mejorar día a día la técnica mediante la que realizamos las consultas.

Antes de terminar, solo un detalle: hay mensajes que no quiero reproducir aquí por prudencia o respeto, y también, por qué no decirlo, por mantener lo «políticamente correcto». Incluso, en ciertas ocasiones, por miedo. Hay cosas terribles, aún más terribles que las vistas, y que quizá no deban ser conocidas por todos. Puede que algunas sea mejor mantenerlas en secreto, diluidas en el código de la Biblia, donde llevan más de tres mil años. Queda al arbitrio de usted mismo si quiere profundizar en esos mensajes mediante el programa que hemos puesto en sus manos. Los anuncios para el futuro son siempre inciertos y hay que tomarlos y considerarlos con sensatez. Es mejor no revelar los mensajes que atañen a los poderosos, a las casas reales de Europa, a los políticos, a los líderes religiosos...

Capítulo 13

El programa

Llega el momento de que usted mismo, mediante el programa que ponemos en sus manos a través de este libro, y con ayuda de un ordenador personal, pueda realizar sus propias búsquedas. Espero que encuentre mensajes relevantes y, sobre todo, esperanzadores. Si halla algo que tenga importancia, puede comunicármelo por medio de la página web **www.codigob.com**. Yo le animo a ello.

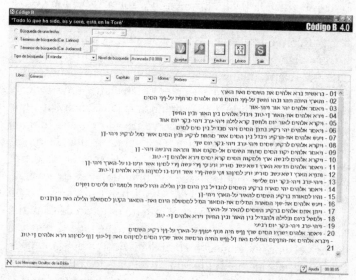

Aspecto general de la interfaz gráfica del programa.

Pero antes de empezar sus búsquedas, debe aprender los rudimentos del manejo del programa y sus capacidades.

Bienvenido a *Código B*

Esta aplicación informática le permitirá definir y localizar mensajes ocultos en el texto de la Biblia, concretamente en sus cinco primeros libros, llamados Pentateuco o Torá. Usted podrá escribir tanto en caracteres latinos como en hebreos, así como elegir entre diversos métodos de búsqueda que le serán explicados más adelante.

El fundamento básico del código secreto de la Biblia se basa en encontrar series de letras (palabras, frases, fechas) a distintas equidistancias dentro del texto bíblico. Imagine que tiene en sus manos un cierto libro abierto por una página determinada, y subraya, por ejemplo, las letras que ocupan los números 10, 20, 30, 40 y 50. Si estas cinco letras componen una palabra inteligible, usted pensará que se trata de algo casual. Pero en la Biblia los mensajes son a veces muy específicos, como aquel en que se pronosticaba el asesinato de Itzhak Rabin e incluso el nombre de su asesino.

Las algo más de trescientas mil letras de la Torá son una muestra relativamente pequeña para que estadísticamente estos mensajes resulten casuales. Matemáticos de todo el mundo han admitido lo sorprendente del fenómeno, que hasta ahora no ha sido más que verificado en una mínima parte. En todo caso, usted dispone en el programa de un sistema de evaluación probabilística, que le dirá si un cierto resultado es o no fiable desde el punto de vista estadístico. Solo los mensajes de fiabilidad alta deberán ser tomados en consideración, y siempre bajo el criterio objetivo del usuario.

En esta aplicación se ha tenido en cuenta que la mayoría de las personas no conocen el alfabeto hebreo ni esa lengua. Por ello se ha incluido un sistema de transcripción latino/hebreo que le permitirá escribir sus mensajes en cualquiera de las lenguas latinas de España. Esta transcripción varía según la lengua de origen, y por ejemplo en inglés o alemán no es exactamente la misma. Merece el mayor de los agradecimientos el Departamento de Cultura de la Embajada de Israel en Madrid, por su amable y valiosa ayuda en el complejo problema de transcripción del alfabeto latino al hebreo: **www.embajada-israel.es**.

También puede usted acceder a un completo léxico español/hebreo, de casi 5.000 términos, incluido en el programa, que le permitirá localizar una palabra en español y comprobar su grafía en hebreo para su posterior búsqueda.

Si lo que desea es definir una palabra hebrea que no esté incluida en dicho léxico, puede consultar *online* un excelente diccionario inglés/hebreo, en la dirección **www.milon.mor-fix.co.il**. Para hacer una búsqueda, escriba la palabra inglesa en el cuadro de texto de la zona superior derecha de la ventana de su navegador, oprima luego el botón que hay a su izquierda o **Intro** en su teclado, y espere unos segundos a que se muestren los resultados.

Cuadro de búsqueda de Milon.

En todo momento podrá acceder a esta ventana de ayuda mediante el botón del mismo nombre, situado al pie de la interfaz de la aplicación, o presionando la tecla de función F1 en su teclado. También se le informará del tiempo de ejecución del programa en la esquina inferior derecha de la interfaz.

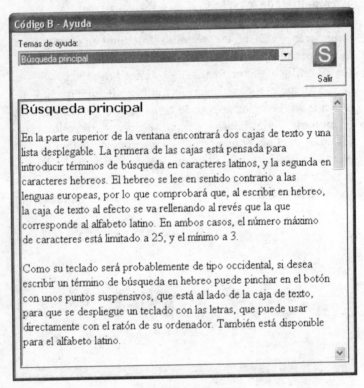

La ventana de ayuda

Si lo desea, podrá ejecutar Código B más de una vez al mismo tiempo en su ordenador, lo que posibilita realizar diversas búsquedas simultáneas, aunque el tiempo de proceso será mayor en este caso.

El alfabeto hebreo consta de veintidós letras en total. Algunas disponen de una grafía doble, según se encuentren o no al final de una palabra. A los efectos de transcripción, esta particularidad carece de efecto en el alfabeto latino.

ך	כ	**Kaf**
ם	מ	**Mem**
ן	נ	**Nun**
ף	פ	**Pe**
ץ	צ	**Tzade**

Letras hebreas con doble grafía

La imagen que se muestra durante las búsquedas corresponde al antiguo asentamiento judío de Qumran, lugar donde se hallaron los Manuscritos del Mar Muerto.

Búsqueda principal

En la parte superior de la ventana encontrará dos cajas de texto y una lista desplegable. La primera de las cajas está pensada para introducir términos de búsqueda en caracteres latinos, y la segunda en caracteres hebreos. El hebreo se lee en sentido contrario a las lenguas europeas, por lo que comprobará que, al escribir en hebreo, la caja de texto al efecto se va rellenando al revés que la que corresponde al alfabeto latino. En ambos casos, el número máximo de caracteres está limitado a 25, y el mínimo a 3.

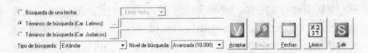

Zona de búsqueda inicial

Como su teclado será probablemente de tipo occidental, si desea escribir un término de búsqueda en hebreo puede pinchar en el botón con unos puntos suspensivos, que está al lado de la caja de texto, para que se despliegue una simulación de teclado que muestra las letras, que puede usar directamente con el ratón de su ordenador. También está disponible para el alfabeto latino.

Simulación de teclado en hebreo

La lista desplegable de la parte superior está destinada a la búsqueda de una fecha concreta, referida siempre al calendario judío. Para poder transformar una fecha gregoriana en hebrea dispone en el programa de una herramienta al efecto, que le será explicada un poco más adelante.

Desplegable de fechas

Por debajo de los elementos anteriores se encuentran dos menús desplegables. El primero corresponde al **Tipo de búsqueda** a efectuar. Esta puede ser **Estándar**, es decir, que busca el texto que usted haya introducido tal cual está; **Atbash**, que invierte las letras en el alfabeto hebreo, de modo que la que era una *alef* se convertirá en una *tav*, la *bet* en una *sin*, etc.; **Letra siguiente**, que transforma cada letra en la siguiente en el alfabeto; y **Letra anterior**, que hace lo contrario. Estos métodos son clásicos en el análisis bíblico de los estudiosos judíos.

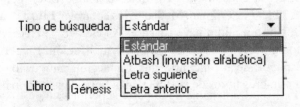

Desplegable de tipo de búsqueda

Antes de iniciar el proceso de búsqueda de los términos definidos, y según el método que usted haya elegido, puede también establecer la amplitud del proceso en **Nivel de búsqueda**: la **Avanzada** es la más amplia de todas, aunque también la más lenta. Localiza los términos de búsqueda hasta una equidistancia de 10.000 letras. La búsqueda **Extendida** reduce la equidistancia máxima a 5.000 letras; y la **Simple** lo hace a 1.000. Si dispone de un PC potente, es preferible que utilice siempre la búsqueda avanzada.

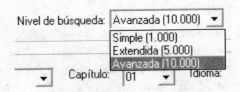

Desplegable de nivel de búsqueda

La parte más amplia de la ventana principal de la aplicación se destina a visualizar la Torá (es solo un elemento extra, por si desea consultarla). Por defecto aparecerá en hebreo, que es su lengua original. Mediante los controles **Libro**, **Capítulo** e **Idioma** podrá navegar en el Pentateuco y seleccionar el idioma hebreo o español para su visualización. En el caso del español, se ha incluido una traducción antigua de los cinco primeros libros de la Biblia, más fiel al texto original.

Cabecera de visualización de la Biblia.

Una vez definidos los términos de búsqueda, en latino o hebreo, o la fecha elegida, así como el tipo de búsqueda y su nivel, oprima el botón **Aceptar** para que se establezcan como definitivos. Previamente a iniciar el proceso mediante **Buscar** dispone de la pequeña aplicación, antes mencionada, cuya utilidad es transformar fechas del calendario gregoriano en fechas del calendario judío. Esta herramienta está presente también en las demás ventanas del programa.

Definición de una búsqueda

Pinche finalmente en el botón **Buscar** para que el proceso dé comienzo. La ventana de la aplicación cambiará de aspecto. En la zona superior podrá comprobar en todo momento los términos de la búsqueda que usted definió, así como el avance de la misma en una barra de progreso y una estimación del tiempo restante. Puede detener en todo momento el proceso mediante el botón **Cancelar**, que le permitirá abortar completamente la búsqueda, visualizar las coincidencias (si hay alguna) o seguir adelante. Cuando el proceso finalice, se mostrarán en una matriz de letras hebreas los resultados coincidentes con los términos que usted introdujo.

Los botones de acción

Búsqueda secundaria

La ventana de búsqueda secundaria es muy similar a la principal. Los resultados de la primera búsqueda se muestran ahora en la zona de visualización, al estilo de una sopa de letras. Los caracteres localizados se muestran resaltados en amarillo. En la esquina superior izquierda del área de visualización, podrá conocer el número del resultado y el total de los mismos (por ejemplo, 15 de 347).

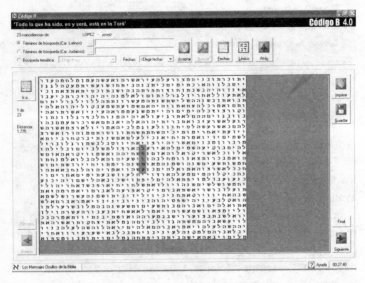

Resultado de la búsqueda inicial

Para consultar los diferentes resultados, en caso de que haya más de uno, podrá usar los botones **Anterior** y **Siguiente**, que le permitirán moverse de uno en uno, y **Principio** y **Final**, que le llevarán al primero o al último resultado respectivamente. Mediante el botón **Ir a...** podrá acceder a un resultado concreto introduciendo su número de orden.

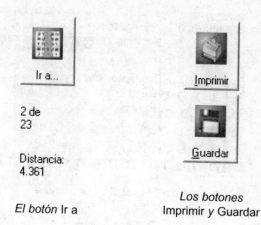

2 de
23

Distancia:
4.361

El botón Ir a

Los botones
Imprimir *y* Guardar

Puede obtener una copia impresa de cada matriz de resultados pinchando en el botón **Imprimir**. La opción de **Guardar** salva en el disco duro el resultado actual como una imagen en formato BMP. Encontrará información relativa a estas dos opciones más adelante.

Ahora podrá definir nuevos términos de búsqueda, que ya no se tratarán de localizar en todo el texto de la Torá, sino únicamente en las matrices actuales, es decir, asociados a los resultados de la búsqueda principal. Introduzca los nuevos términos del mismo modo en que lo hizo anteriormente.

También puede realizar una **Búsqueda temática**, seleccionando un tema genérico en el cuadro desplegable. Tenga en cuenta que esto es solo una ayuda que le brinda el programa, y que siempre será mejor y más fiable que defina usted mismo los términos a localizar.

El cuadro **Fechas**, al igual que en la búsqueda inicial, tiene como objeto asociar un cierto año a la búsqueda secundaria. Este año debe estar referido al calendario judío, por lo que deberá transformar la fecha gregoriana mediante el citado conversor.

Desplegable de la búsqueda temática

Si desea volver a la ventana de la búsqueda principal, oprima el botón **Atrás**. En caso contrario, establezca los términos deseados con **Aceptar** e inicie el nuevo proceso de búsqueda pinchando en **Buscar**.

La ventana siguiente es idéntica a la que se mostró en el proceso principal, con la diferencia de que ahora se muestran en la zona superior los nuevos términos de búsqueda asociados (o el tipo de búsqueda temática). Cuando el proceso finalice o usted lo detenga mediante el botón **Cancelar**, volverán a visualizarse las matrices de resultados, ahora con todos los términos localizados (resaltados en distintos colores). Si dos términos se cruzan, las letras correspondientes se mostrarán en color gris.

La mayor diferencia de la nueva ventana de visualización de resultados es que ahora tendrá disponible una estimación estadística de fiabilidad de los mensajes ocultos, que podrá consultar en la zona inferior de la interfaz. Una probabilidad muy grande indica baja fiabilidad del resultado. Al contrario, una probabilidad muy pequeña corresponde a un resultado fiable por estar fuera de la simple casualidad.

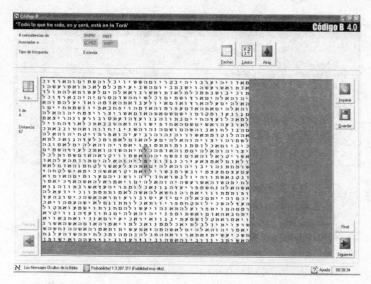

Resultado de una búsqueda secundaria

Conversión de fechas

El conversor de fechas es una herramienta que le permitirá saber cuál es la fecha en el calendario judío que se corresponde con una perteneciente al calendario gregoriano, o cristiano.

Le bastará con utilizar los cuadros desplegables para especificar **Día**, **Mes** y **Año**. El resultado que obtendrá será el equivalente en el calendario judío. Tenga en cuenta que este se diferencia del cristiano tanto en el cómputo de años como en el inicio de los mismos, así como en que el año judío no siempre tiene el mismo número de meses (que pueden ser doce o trece, según el caso).

Una vez obtenga el año deseado, podrá introducirlo en la ventana de búsqueda secundaria de la aplicación, asociado a los términos que haya especificado en ella.

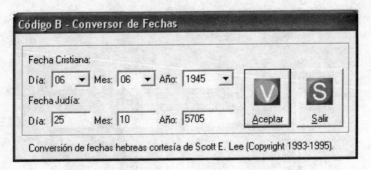

Herramienta de conversión de fechas

Imprimir y guardar

Cuando haya obtenido un resultado en su búsqueda de mensajes ocultos en la Biblia, podrá salvar una copia impresa mediante la opción **Imprimir**. Si pincha en este botón se abrirá una nueva ventana en la que podrá definir si desea efectuar una impresión en color o en blanco y negro, así como la resolución de la misma (en puntos por pulgada). En cualquier caso, la matriz de resultados presente en pantalla en ese momento se lanzará a la impresora predeterminada de su PC.

Ventana de impresión

Si prefiere salvar en disco un cierto resultado, oprima el botón **Guardar**. Esto hará que la imagen del resultado actual se salve en el disco duro, en formato BMP, en la carpeta CODIGOB de su disco principal (en la mayoría de los casos, será la unidad **C**). Si desea consultar con posterioridad sus búsquedas guardadas en disco, acceda a dicha carpeta y abra el archivo elegido con cualquier programa editor de imágenes.

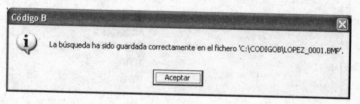

Aviso de que una búsqueda ha sido guardada en disco

Léxico español/hebreo

Si pulsa usted el botón **Léxico**, presente en la cabecera de la interfaz de la aplicación, accederá a una ventana en la que podrá seleccionar la letra inicial de la palabra que desee localizar en él. Una vez hecho esto, se le mostrará un listado con los vocablos de esa letra, en el que tendrá la oportunidad de comprobar las grafías hebreas.

Para seleccionar una cierta palabra en hebreo, resáltela con el puntero del ratón (arrastrando el cursor sin soltar el botón principal) y luego pulse conjuntamente las teclas **Control** y **C**. Primero oprima **Control**, situado en la esquina inferior izquierda de su teclado, y luego, sin soltar, oprima la letra **C**. La palabra se almacenará en el *buffer* del PC. Para incluirla en su búsqueda, retorne a la ventana del programa y péguela en la caja de texto para los términos de búsqueda (caracteres judaicos). Esto se efectúa pulsando, de modo similar al anterior, las teclas **Control** y **V**.

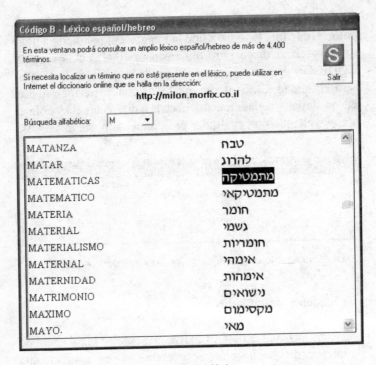

Ventana del léxico

Recomendaciones generales

Para utilizar correctamente el programa las búsquedas deben hacerse siempre que sea posible en hebreo (salvo nombres propios en una lengua diferente), y es normal que los resultados aparezcan en ese idioma en la pantalla. Como usted ya introduce antes las frases que quiere buscar, el programa lo único que hará es decir si se encuentran en la Torá original o no. Precisamente para ayudarle en su trabajo de búsqueda se ha incluido un diccionario bíblico castellano-hebreo y una dirección de un diccionario *online* inglés-hebreo (no existe uno así para el español). Hay que recordar también que las fechas deben buscarse según el calendario hebreo, por lo que, una vez más, recuerde que el programa dispone de un conversor de fechas gregorianas a judías.

Es fácil de entender que las veintidós letras del alfabeto hebreo no tienen correspondencia directa con las veintiocho del castellano, y que una traducción total de la pantalla —que sería lo ideal— es imposible.

La programación de *Código B* se ha hecho bajo todas esas limitaciones. Se propone al lector un programa que respeta el espíritu de trabajo de los matemáticos israelíes que descubrieron el Código en la Torá. Para que sus búsquedas sean correctas, sírvase seguir estas recomendaciones:

1. Efectuar las búsquedas en HEBREO, seleccionando antes esas palabras y sabiendo previamente su significado.

2. Las palabras cortas (3 o 4 letras) son fáciles de encontrar y tienen escaso interés estadístico. Es preferible evitarlas en la medida de lo posible.

3. No olvidar la conversión de las fechas al calendario judío antes de buscarlas.

Preguntas y respuestas básicas

1. Cuando se hace el rastreo, ¿el programa busca en todos los libros o solo en el Génesis?

—Aunque la palabra Génesis aparece, por defecto, al iniciar la búsqueda, se trata solo de una orientación para que el usuario sepa dónde comienza esta, pero, en realidad, el programa es mucho más completo y examina en bloque los cinco primeros libros de la Biblia, llamados Pentateuco o Torá.

2. ¿En qué se diferencian los distintos tipos de búsquedas?

—*Código B* permite realizar diferentes clases de búsquedas: **Estándar** busca el texto que usted haya introducido tal cual lo ha tecleado; **Atbash**, que invierte las letras en el alfabeto hebreo, de modo que la que era una alef se convertirá en una tav, la bet en una sin, etc.; **Letra siguiente**, que transforma cada letra en la siguiente en el alfabeto; y Letra anterior, que hace lo contrario. Estos dos últimos métodos son clásicos en los análisis bíblicos de los estudiosos judíos. Además es posible realizar una Búsqueda temática, seleccionando un asunto en el cuadro desplegable.

3. La «pantalla de resultados» aparece en hebreo. ¿Cómo saber lo pone en ella? ¿No se puede traducir?

—Aunque es posible visualizar la ventana principal de la aplicación en español y hebreo, la «pantalla de resultados» aparece en hebreo, que es la lengua original en la que fue escrita la Torá.

Saber qué significa el resultado que se muestra resaltado en amarillo (búsqueda principal) o en el resto de colores (búsqueda secundaria), es tan sencillo como que son los términos que usted habrá introducido previamente.

4. El cuadro de búsqueda no acepta el número cero. ¿Cómo se pueden introducir fechas como, por ejemplo, el año 2012?

—La numeración hebrea se basa en las letras de su alfabeto (alefato) y, al igual que la romana o la griega, no admite el cero, que es de origen posterior. Para buscar una fecha debe utilizarse el sistema de cálculo al efecto de que dispone el programa. Una vez conocida la fecha hebrea, se selecciona en un cuadro desplegable y queda automáticamente definida.

5. ¿Es posible salvar las búsquedas que se hagan con *Código B* de tal manera que aunque se apague el ordena-

dor, se pueda cargar luego el archivo salvado para no
tener que empezar de cero?

—No, no es posible. *Código B* permite salvar los términos de búsqueda y los resultados obtenidos para su consulta
textual, como imagen en formato BMP. Para continuar una
búsqueda es imprescindible comenzarla de nuevo desde el
principio.

**6. Al escribir una palabra en español, esta difiere de
su correspondiente en hebreo. ¿Cuál es el motivo?**

—El programa no traduce los términos de búsqueda
escritos en alfabeto latino, sino que los transcribe o translite-
ra a la grafía hebrea. Esto hace que las búsquedas deban efec-
tuarse realmente en hebreo, salvo en casos de nombres propios que provengan de una lengua diferente.

**7. A la hora de combinar varias palabras del diccio-
nario hebreo, ¿cómo se cortan y pegan?, ¿en algún orden
específico?, ¿sin espacios?**

—En la búsqueda inicial, es importante introducir un
texto que constituya un bloque de significado, es decir, una
sola palabra o un nombre, ya que se buscará todo unido, aunque esté compuesto de varias palabras (el caso de Itzhak
Rabin). En la búsqueda secundaria el orden es indiferente,
pues *Código B* tratará de localizar los términos por separado
en la matriz formada en torno a la búsqueda inicial; pero eso
sí, entonces debe dejarse al menos un espacio entre las distintas palabras.

Apéndice

Las matemáticas demuestran
que la Biblia fue inspirada por Dios.

El doctor Ivan Panin nació en Rusia en 1855. De joven fue un activo nihilista que luchó contra el Zar y su gobierno. Auténtico genio de las matemáticas, Panin se convirtió al cristianismo y acabó, exiliado de su patria, como profesor en Harvard y ciudadano de los Estados Unidos de América.

En 1890 comenzaron sus descubrimientos, que no han podido ser refutados hasta ahora. Estos descubrimientos se basan en el lenguaje científico por excelencia: las matemáticas. Y demuestran que la Biblia —no solo la Torá—, en sus idiomas originales, hebreo, arameo y griego, es el producto hábilmente diseñado por una mente matemática maestra, muy por encima de la capacidad humana.

El Nuevo Testamento fue escrito originalmente en griego, el Antiguo Testamento en hebreo y arameo. Tanto el griego como el hebreo tienen una peculiaridad común: ninguno de los dos utiliza símbolos especiales para escribir los números, sino que en lugar de ello se usan las propias letras de sus respectivos alfabetos.

Cada palabra en griego y en hebreo, por tanto, puede representar una suma aritmética, obtenida de la adición de los números que corresponden a cada letra. Este valor numérico no se asigna arbitrariamente, sino que es parte del lenguaje.

La cifra resultante de todos los números sumados en una palabra o frase, se denomina Gematria.

Para los fines de este estudio es necesaria una definición más: el número de posición que ocupa una letra es el llamado «valor de lugar». El valor numérico es el mismo que el valor de lugar en las diez primeras letras, pero a partir de la letra que ocupa el undécimo lugar, que tiene concretamente un valor de lugar igual a 11 y un valor numérico de 20, ya no coinciden.

ALFABETO HEBREO (ALEFATO)

Nombre	Valor
Alef	1
Bet	2
Gimel	3
Dalet	4
He	5
Vav	6
Zayn	7
Jet	8
Tet	9
Yod	10
Caf	20
Lamed	30
Mem	40
Nun	50
Samej	60
Ayn	70
Pe	80
Sade	90
Qof	100
Res	200
Sin	300
Tav	400

ALFABETO GRIEGO

Nombre	Valor
Alfa	1
Beta	2
Gamma	3
Delta	4
Epsilon	5
Digamma	6
Dseta	7
Eta	8
Zeta	9
Iota	10
Kappa	20
Lambda	30
Mu	40
Nu	50
Xi	60
Omicron	70
Pi	80
Qoppa	90
Rho	100
Sigma	200
Tau	300
Ypsilon	400
Phi	500
Ji	600
Psi	700
Omega	800

Tomando un pasaje determinado de las Escrituras, un libro de la Biblia o la Biblia al completo, se demuestra, entre otras muchas cosas, el siguiente fenómeno: aparecen patrones de números primos, tales como el 11, 13, 17, y el 23, pero especialmente el 7, de tal manera que superan la habilidad

humana. La Biblia está llena de sietes, desde los siete días de
la Creación a los siete ángeles del Apocalipsis. Ha sido una
antigua aventura de los estudiosos de la Biblia, el trazar la
concurrencia del número siete a través de toda la Biblia. El
análisis numérico revela un increíble patrón de sietes subra-
yando y reforzando las palabras de las Escrituras. En un libro
o pasaje determinados pueden observarse los siguientes
patrones de sietes.

—El número de palabras en el vocabulario es divisible por 7.
—Los números de palabras que comienzan con vocal son
divisibles por 7; igualmente el numero de palabras que co-
mienzan por consonante.
—El número de letras en el vocabulario es divisible por 7.
—Las letras, tanto vocales como consonantes, son divisi-
bles por 7.
—El número de palabras en el vocabulario es divisible por 7.
—El número de nombres es divisible por 7.
—El número de las palabras que no son nombres, igual-
mente es divisible por 7.
—Lo mismo ocurre con los nombres propios de varones y
mujeres, y con el numero de palabras que comienzan por
cada letra del alfabeto.

Las leyes de la probabilidad demuestran que esto solo
puede suceder una vez entre millones de trillones de ocasiones, lo cual hace que la casualidad quede descartada, así
como que el hombre haya podido crear algo semejante hace
miles de años. Y además el fenómeno se muestra en todos los
libros de la Biblia, desde el Génesis hasta el Nuevo Testamento incluido.

Como ejemplo, podemos comprobar el patrón en el primer
versículo del Génesis, formado por siete palabras hebreas:

Génesis, 1-1

«En el principio creó Dios los cielos y la tierra.»

En hebreo, las siete palabras tienen exactamente 28 letras [4x7]; tres nombres, Dios, cielos y tierra, con el valor numérico de 777 [111x7]; y un verbo, «creó», con valor numérico de 203 [29x7]. Las tres primeras palabras contienen el sujeto, con exactamente catorce letras [2x7]; las otras, el objeto, con otras catorce letras [2x7].

Y hay en total cerca de treinta diferentes rasgos numéricos relacionados con el 7 en este versículo. La posibilidad de que se trate de una coincidencia es una entre más de treinta trillones.

A la luz de estos descubrimientos, para Ivan Panin, Dios tuvo que inspirar la Biblia. Solo una inteligencia omnisciente podía ser capaz de crear algo semejante.

Contactos

Si desea ponerse en contacto con el autor, puede hacerlo a través de la web **www.codigob.com** o de la dirección de correo electrónico **dzurdo@acta.es**.